PÈLERINAGE
DE CONSTANTINOPLE
A JÉRUSALEM

1ᵉ SÉRIE IN-8°.

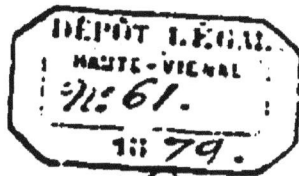

PÈLERINAGE

DE

CONSTANTINOPLE

A JÉRUSALEM

PAR L. DE PRUNET.

TROISIÈME ÉDITION.

LIMOGES
EUGÈNE ARDANT et Cⁱᵉ, ÉDITEURS.

PÈLERINAGE

DE

CONSTANTINOPLE

A JÉRUSALEM.

I

LA BLESSURE. — L'HOPITAL. — LA SŒUR MARIE.

GÉRARD DE NANTEUIL, sorti de l'école de Saint-Cyr, était lieutenant de dragons quand la branche cadette des Bourbons fut renversée du trône. Lors de la guerre de Crimée, élevé au grade de capitaine, il fit partie des premières troupes qui débarquèrent sur cette terre lointaine. Blessé à la cuisse très dangereusement, il fit partie du premier transport des blessés que le général Saint-Arnault dirigea sur Constantinople, et fut établi avec ses camarades d'infortunes dans un des hôpitaux improvisés pour recevoir les malades qui se trouvaient à bord des vaisseaux arrivant de France.

Gérard de Nanteuil eut le bonheur de se trouver dans un hôpital où les saintes filles que la religion avait pu

seule arracher à leur patrie, donnaient leurs soins affectueux aux malades et aux blessés français.

Une des sœurs, que nous désignerons sous le nom de
sœur Marie, découvrit, durant le pansement du blessé,
qu'il portait sur sa poitrine une petite médaille de la sainte
Vierge.

Sur un soldat, surtout sur un officier en campagne,
cette médaille sainte était un indice non trompeur de ses
sentiments. La bonne sœur s'en réjouit dans son cœur,
et tout naturellement porta un intérêt particulier au blessé,
qui partageait avec elle sa vénération pour la Mère de
Dieu.

Le pauvre Gérard avait grand besoin de ce charitable
intérêt : l'hôpital était encombré, les desservants pas
encore assez nombreux, et le service ne faisait que commencer à s'organiser; aussi bien sa blessure prenait-elle
mauvais caractère, une fièvre ardente le dévorait presque
toutes les nuits, et souvent il était en délire...

Pour surcroît de malheur, le mal du pays, le désespoir
de voir sa carrière militaire arrêtée dès le début de la
campagne, s'emparèrent si profondément de son esprit,
que du délire il tombait dans le désespoir.

Dans un de ses accès il arracha les bandages de sa plaie.
Le malheureux voulait mourir, mourir dans un hôpital,
loin, bien loin de sa patrie, d'une famille riche dont il
était le seul héritier, la seule espérance. Oh! c'était affreux
à penser !...

Son ange protecteur, car nous pouvons lui donner ce
nom, son ange protecteur, la sœur Marie, comprit, avec
son cœur de chrétienne, les douleurs, le désespoir du
blessé; aussi appela-t-elle à son aide ce qu'il y a de plus
puissant au monde dans le désespoir : elle appela la re-

ligion... Elle fit entendre sa voix consolatrice aux oreilles fermées à tout autre discours, et, tirant doucement par le ruban qui la tenait suspendue à son cou, la petite médaille de la Vierge, elle la mit devant les yeux de l'infortuné, et, avec une voix douce et affectueuse, elle lui dit :

— Celui qui porte cette image sacrée est chrétien, et un chrétien se soumet sans murmures à la volonté de Dieu. Monsieur Gérard, jetez les yeux autour de vous, dans cette retraite de la souffrance et des plus horribles douleurs, et voyez avec quelle résignation des malheureux privés d'éducation supportent leurs maux. Si j'osais comparer un musulman à un chrétien, je vous dirais : Voyez, monsieur Gérard, au bout de cette salle, cet infidèle à qui l'on a fait une opération douloureuse, je crains même qu'elle n'amène sa mort; voyez quelle indifférence règne sur son visage; car sa croyance à la fatalité lui ôte tout espoir, et vous, vous êtes chrétien...

Cette dernière observation produisit un effet électrique sur Gérard; il souleva sa tête appesantie, et dit : Sainte femme, merci de me rappeler à la raison, au devoir; merci de m'avoir rappelé que je suis chrétien... désormais je me soumettrai humblement à la volonté du ciel; je veux tout supporter sans plaintes; et, si le Fils de Marie, par l'intercession de sa sainte mère, que j'ai toujours vénérée, me fait la grâce de guérir, de quitter ce lieu de souffrance, je fais vœu d'aller visiter le tombeau du Christ, dans la ville où il donna aux hommes l'exemple de la résignation, et de renoncer à la terrible carrière que j'ai embrassée dans mes rêves de jeunesse et d'ambition.

Les larmes vinrent aux yeux de la bonne sœur; lorsqu'elle s'éloigna du blessé, elle le laissa calme et résigné à la volonté du ciel.

Cette femme ingénieuse à soulager les souffrances du corps et de l'esprit, pensa que le séjour dans un hôpital, où étaient entassées toutes les misères, toutes les souffrances, était trop contraire à un jeune homme élevé dans l'aisance et habitué à un autre genre de vie. De cette pensée à l'exécution c'était tout un pour cette admirable femme... Aussi, dès le jour suivant Gérard de Nanteuil était-il transporté, avec le plus grand soin, dans une maison de campagne, à l'extrémité du faubourg de Péra. La vue magnifique du Bosphore, ses riches et brillants rivages, l'air vivifiant de la mer, devaient faire une heureuse impression sur cette pauvre âme désolée, sur ce corps rongé par l'ardeur de la fièvre.

C'est ce que pensait la bonne sœur Marie, et elle avait raison de le penser, car le calme étant revenu au malade, il trouva à occuper ses yeux en parcourant le splendide spectacle qu'ils pouvaient découvrir.

Des soins affectueux lui étaient prodigués, et quoique ils fussent étrangers, il n'en était pas moins touché et reconnaissant pour ceux de qui il les recevait; il sentait qu'on doit savoir gré des soins, quoique mercenaires surtout, quand ils sont donnés de ce ton affectueux qui console et qui fait croire à l'humanité du cœur de l'homme.

La bonne sœur ne pouvait quitter ses douloureuses occupations pour aller visiter son pauvre malade, comme elle le désignait; mais elle trouvait le moyen de savoir des nouvelles de sa santé et de lui faire porter des consolations.

Constantinople, quoique situé dans un des plus beaux climats du monde, quoique baigné par la mer, qui vivifie l'air, quoique entouré de campagnes, de montagnes, et de vallées où passent des courants d'air qui renouvellent sans cesse celui qui circule dans la cité de Constantin;

Constantinople n'en est pas moins un foyer permanent de peste et de contagion. De là, elles rayonnent dans les environs, elles s'embarquent sur les navires de tous les pays qui viennent séjourner dans ses ports, et, fléaux plus destructeurs que la guerre, elles vont moissonner, à des temps donnés, les populations les plus lointaines.

Ce foyer de peste, cet arsenal de toutes les contagions, a été produit et est entretenu par l'incurie, la malpropreté des Turcs, et par l'absence des mesures sanitaires en faveur de la population de la grande cité. Le jour où les Turcs cesseront d'occuper Constantinople et de camper en Europe, beaucoup de contagions qui la ravagent auront disparu.

Une triste nouvelle se répandit soudain : la peste, l'épouvantable peste, s'était montrée dans les hôpitaux. C'étaient les Turcs fanatiques, pour lesquels l'arrivée des troupes européennes avait paru un affront sanglant, c'étaient ces aveugles partisans de l'ancien islam, qui répandaient ces nouvelles décourageantes.

Sœur Marie avait sans cesse sous les yeux de trop douloureux spectacles, pour ne pas ajouter un peu de foi à ces sinistres nouvelles; elle avait, en quittant la bienheureuse France, fait le sacrifice de sa vie. Elle songeait à son pauvre blessé; avec son imagination si ardente, comment apprendrait-il l'apparition de la peste ? Fatiguée par ces pensées, la bonne sœur envoya un exprès au malade et lui fit porter des paroles propres à l'encourager.

Gérard n'avait point entendu parler des bruits populaires, et se trouvait d'ailleurs rassuré par la salubrité de l'habitation qu'il occupait, et par les soins extrêmes que l'on prenait de lui.

Les paroles de la bonne religieuse ne lui firent donc pas grand effet; seulement il lui sut gré de son attention bienveillante, et à son tour il lui fit savoir que les bruits populaires ne l'inquiétaient guère ; il est vrai de dire que sa santé allait s'améliorant de jour en jour, et qu'il s'était trouvé en état de se livrer à l'étude.

Quelle était cette étude? Il faut se rappeler que Gérard avait fait vœu d'aller visiter le Saint-Sépulcre... Cette pensée ne l'avait point abandonné, et pour se préparer à ce pèlerinage, il étudiait l'arabe, langue qui lui serait utile sur sa route, et qu'il pouvait d'autant mieux apprendre que son hôte, riche marchand, était un Maronite qui parlait une partie des langues de l'Orient.

Gérard avait de l'intelligence, du jugement et surtout de la mémoire ; il fit de si rapides progrès que le Maronite en fut étonné.

Près de six mois se passèrent ainsi pour Gérard, occupé de l'étude de l'arabe, de bonnes et saintes lectures et de promenades qui fortifiaient sa santé.

Un jour il s'était assis dans un kiosque, d'où sa vue s'étendait sur le Bosphore : plongé dans cette douce rêverie que l'aspect d'un panorama splendide inspire, il songeait aux vanités de ce monde, si agité, si turbulent, si tourmenté par les passions, quand Dieu nous a donné la terre, le ciel et tous les dons qui peuvent satisfaire nos besoins. Gérard rêvait ainsi quand sœur Marie apparut devant lui...

« Vous ici, mon ange protecteur, lui dit-il ; vous, vous venez me visiter. »

La bonne sœur lui répondit : Monsieur Gérard, je ne suis qu'une humble servante du Seigneur, et je viens vous faire mes adieux. Je suis rappelée en France. Voyez, ajouta-t-elle en portant la main à son visage, j'ai besoin de l'air natal.

Gérard ne put s'empêcher de tressaillir en voyant la

maigreur de la bonne sœur, et ses yeux caves qui annonçaient une souffrance qui avait profondément altéré sa santé. Les larmes lui vinrent aux yeux : Vous partez, lui dit-il ; et moi, que deviendrai-je ? — Vous irez à Jérusalem, lui dit-elle ; vous prierez sur le tombeau de notre divin Sauveur, vous serez plus heureux que moi. Quand vous y serez, monsieur Gérard, n'oubliez pas dans vos prières celle qui vous parla du ciel et de ses espérances ; n'oubliez pas la pauvre sœur Marie ; je sens que, si j'arrive en France en vie, cette vie s'éteindra bientôt, car j'ai la conviction qu'elle est altérée dans sa source ; mais que la volonté de Dieu se fasse !...

Ils passèrent ainsi quelque temps dans un entretien tout céleste. Quand elle se retira, Gérard avait arrêté son plan de pèlerinage pour Jérusalem, et n'attendait qu'une santé suffisante pour l'entreprendre.

II

RENCONTRE D'UN AMI. — PROJETS DE PÈLERINAGE.

QUOIQUE Constantinople fût sorti de sa somnolence depuis l'arrivée des alliés ; quoique les rues retentissent des pas mesurés des soldats, du piétinement des chevaux, du roulement de l'artillerie ; quoique ses places, ses bazars, ses mosquées et ses monuments fussent assiégés de curieux

européens plus turbulents, plus criards que le Turc, le
vieux parti turc affectait la plus complète indifférence pour
tout ce qui se passait sous ses yeux. Les classes inférieures
seules couraient sur le passage des soldats, sur les ports,
aux lieux des débarquements, et, il faut le dire, les visages
exprimaient plus de curiosité que de bienveillance.

Au milieu de cette agitation humaine, de ces marches
et contremarches, de ces bruits retentissants des musiques
des régiments, qui saluaient les nouveaux arrivants, y
répondant à leur tour par de belliqueuses fanfares, les
troupes anglaises se distinguaient par leur air plutôt superbe
que belliqueux, mais surtout par le désordre où les jetait
la nécessité de trouver leurs logements. Eh bien! au
milieu de ce pêle-mêle, de ce tumulte, de ces clameurs,
on voyait les muezzins se rendre aux mosquées, et, de
leur sommet, faire entendre leurs voix retentissantes,
comme aux temps les plus calmes. Les chameaux, les ânes,
et des troupes de chiens errants, circulent comme ils peuvent dans les rues étroites et encombrées de piétons. L'antique Stamboul a changé d'aspect, mais les mœurs, les
habitudes sont restées ce qu'elles étaient avant l'arrivée
des alliés, et ce qu'elles resteront tant que le croissant
dominera les tours et que les musulmans fumeront leurs
chibouques sous les grands arbres qui entourent leur ville
capitale et sur les bords de cette mer tantôt si douce, mais
si souvent turbulente et furieuse. Deux vaisseaux de transport débarquaient, au port des malades, des blessés, et se
trouvaient fortement avariés. Dans le trajet de la mer
Noire, ils avaient eu à supporter de furieuses bourrasques
et des coups de mer terribles. La basse population de
Constantinople se trouvait en assez grand nombre sur les
quais, les porte-faix se disputaient les fardeaux, et des

bandes de chiens sans maîtres rôdaient autour de la foule comme des pillards qui cherchent leur proie, maltraités par les soldats qui les trouvaient sur leur passage, mais presque respectés par les gens à turbans de toutes les couleurs qui faisaient partie de la foule.

Le service des ambulances françaises se trouvait parfaitement organisé; aussi les blessés et les malades de cette nation furent-ils débarqués et enlevés sans trop de désordre; il n'en fut pas de même des malades et des blessés anglais. La morgue anglaise se pliait difficilement au mélange et cherchait à séparer les siens, ce qui ne se faisait pas sans porter la confusion partout où leurs infirmiers et leurs hommes de service circulaient pour choisir et emporter les blessés et les malades de leur nation.

Un jeune homme d'une figure pleine de distinction, quoique portant les traces d'une longue souffrance physique, se trouvait sur le pont du navire qui avait été presque entièrement chargé d'Anglais; il portait les yeux autour de lui, cherchant une embarcation qui pût prendre lui et ses bagages, mais il n'était pas revêtu de l'uniforme du soldat ni de l'officier, et tous les bateaux et caïques ne recevaient que les hommes appartenant à l'armée; il devait donc attendre que pas un seul uniforme rouge restât à débarquer pour espérer qu'on songerait à lui.

Gérard de Nanteuil, alors convalescent, s'était rendu au lieu du débarquement dans l'espoir de retrouver quelques-unes de ses connaissances ou de ses amis. Avec sa lorgnette il découvrit ce jeune homme et devina son embarras.

Un vieux Turc fumait nonchalamment son chibouque, dans une vieille petite barque accrochée à un anneau du môle, et semblait indifférent à tout ce qui se passait autour de lui.

Poussé par un sentiment de bienveillance, Gérard s'approcha du vieux batelier et lui montra le vaisseau, sur le pont encore très encombré duquel le jeune homme qui avait excité son intérêt paraissait se livrer à une vive impatience. Le vieux Turc ne bougea pas; la cupidité musulmane était connue de Gérard, il tira de sa bourse une pièce d'or, la fit briller aux yeux du batelier. Son indolence prit tout-à-coup l'extérieur de l'humble servilité; il détacha sa barque, et il allait se lancer au milieu de toutes ces embarcations qui venaient et revenaient, quand Gérard, qui craignait une méprise, entra dans le bateau et désigna de nouveau le navire où se trouvait le jeune homme.

Ils furent bientôt sous le vaisseau; Gérard appela le jeune homme, qui comprit plutôt ses signes d'appel que ses paroles perdues au milieu des cris, des gémissements des malades et des blessés qu'on descendait brutalement dans les embarcations; il s'approcha, et Gérard lui dit qu'il pouvait profiter de son bateau pour aller à terre. Quoique Anglais, ce jeune homme entendait et parlait le français; il pria Gérard de lui envoyer le batelier pour descendre son bagage. Celui-ci fit semblant de ne pas comprendre : alors le jeune homme parla à un homme du bord, lui donna de l'argent, et les bagages furent descendus dans le bateau : il s'éloigna du navire; mais, autre contre-temps, le vieux bateau se trouvait si chargé de trois hommes et du bagage, qu'il allait sombrer : Gérard fit appel à une embarcation anglaise qui filait à côté d'eux. On n'y prit pas garde, et l'embarcation s'éloignait quand une autre charge de blessés français se trouva à deux encâblures d'eux. L'appel de Gérard fut entendu, et il put monter sur cette embarcation et permettre au bateau soulagé de son poids de gagner le môle, car le lieu du débarquement était trop encombré pour y trouver place.

Le jeune homme et son bagage arrivèrent à bon port, et Gérard vint les rejoindre.

Le jeune homme jeta une guinée au vieux Turc, qui poussa deux ou trois *Allah !* et s'éloigna à force de rames, craignant sans doute que Gérard lui rappelât qu'il avait déjà été payé.

— Maintenant, Monsieur, dit Gérard, il vous faut un logement, et la chose n'est pas facile ici : vous n'appartenez point à l'armée; pourriez-vous faire un assez long trajet?

— Je suis si horriblement fatigué par le mal de mer, et accablé par la fièvre, que je crains de ne pouvoir le faire. Mais ne pourrions-nous pas nous procurer quelque voiture?

— Impossible, Monsieur, les voitures sont inconnues à Constantinople. Je suis venu ici sur le dos d'un âne. Vous n'avez guère en ce moment que ce moyen de transport.

Une expression de dédain passa dans les yeux de l'Anglais.

— Soit, reprit-il; mais qu'on ne m'amène pas l'onagre de l'Écriture, car on dit ces bêtes fringantes et entêtées, et je ne me sens pas aujourd'hui en état de lutter même contre l'obstination d'un âne.

Le serviteur de Gérard se tenait à quelque distance du môle avec sa monture; Gérard l'appela, et prenant lui-même le licou de la bête, il envoya son serviteur chercher un loueur d'ânes. Cette recherche dura assez longtemps : on employait ce jour-là, bon gré mal gré, tous les moyens de transport dont disposait la capitale des califes. Ce fut durant cette attente que Gérard apprit que sa nouvelle connaissance était le fils d'un riche commerçant de la cité de Londres, qui s'était rendu en Crimée en amateur, et

qui, après maintes souffrances, avait été atteint d'une
fièvre maligne mal soignée, et presque réduit aux abois;
qu'il avait profité des premières forces revenues pour se
faire transporter à Constantinople, qu'il n'avait vu que de
la mer, en se rendant en Crimée. Il apprit aussi que ce
jeune Anglais, dominé, comme beaucoup de ses compatriotes, par la passion des voyages, se proposait de visiter
la Syrie, en passant par Alep, où il avait un correspondant
de son père, et descendre ensuite la côte jusqu'à la Palestine. Ce projet entrait trop bien dans les vues de Gérard
pour qu'il ne fût pas enchanté d'avoir fait une si heureuse
rencontre. Il installa donc son nouvel ami dans son propre
appartement, en attendant que le marchand maronite,
qu'une pareille aubaine satisfaisait aussi, eût préparé un
autre appartement.

Ils mûrirent ensemble leur projet de voyage et s'accordè-
rent à le faire par terre, quoique, dans le principe, Gérard
eût arrêté qu'il le ferait par mer, en suivant, autant qu'il
le pourrait, la traversée telle que l'avait faite Châteaubriand, et si bien décrite dans son *Itinéraire*.

Cependant la santé de Georges Wilson, ainsi se nommait
l'Anglais, ne se rétablissait qu'avec lenteur, tandis que
celle de Gérard allait de mieux en mieux. Ils se désespé-
raient de voir le temps favorable pour voyager dans cette
partie de l'Asie, s'écouler; ils seraient ainsi dans la nécessité
de remettre l'exécution de leur projet à un temps beaucoup
plus éloigné que Gérard l'eût désiré.

Une autre chose l'inquiétait encore. Il lisait les journaux
imprimés à Constantinople, et, derrière les éloges prodigués aux alliés, il découvrait le mécontentement du vieux
parti turc. Leur hôte, dont les relations commerciales
étaient fort étendues, ne leur cachait pas que, dans l'in-

térieur du pays, les populations irritées des changements qui semblaient se préparer, et dont quelques-uns étaient déjà en voie d'exécution, s'exaltaient à la voix des ulémas, achetaient des armes et se préparaient à une de ces révoltes si fréquentes dans l'empire turc...

Toutes ces nouvelles contrariaient Gérard, qui avait fort à cœur son pèlerinage aux Lieux-Saints. D'un autre côté, des bruits sinistres, toujours répandus par le vieux parti turc, arrivaient du théâtre de la guerre; le nombre des malades et des blessés, que chaque convoi débarquait à Constantinople, donnait plus de crédit à ces fausses nouvelles, et Gérard s'en affligeait sincèrement.

Un jour il s'entretenait avec Georges à ce sujet, et lui communiquait ses inquiétudes; ce fut dans cette conversation, que nous allons rapporter ici, qu'il put apprécier son nouvel ami.

— Monsieur, lui dit Georges Wilson, la lecture des journaux m'avait exalté la tête; je voyais la gloire d'une nation dans les triomphes de ses armes et dans la terreur qu'elle inspirait aux autres nations : à force de lire et de relire que la Grande-Bretagne était la première nation du monde, dont la volonté faisait force de loi chez les peuples voisins, je m'étais tellement identifié avec ces idées, que la guerre de Crimée me parut une bonne fortune pour montrer que si sur mer nous n'avions pas de rivaux, nous pouvions aussi rivaliser sur terre avec les puissances les plus formidables... Oui, je m'étais persuadé cela, et ne tenais compte ni du sang répandu, ni des trésors absorbés, ni des bras enlevés à l'agriculture, au commerce, à l'industrie et aux arts; le mot gloire me grisait; les mots grandeur, puissance, prépondérance, me jetaient dans l'enivrement. Je voulus voir de près ce théâtre où s'acquéraient ces choses

magnifiques, où notre nation allait se montrer dans la
splendeur de la puissance. Hélas! mon ami, que je compris
bientôt que, pour ne pas avoir horreur de la guerre, il
faut la lire dans les livres, dans les journaux. Le jour de
notre arrivée se livrait la sanglante bataille d'Inkermann.
De la pleine mer, nous entendions les volées grondantes
des canons, les feux de pelotons des fusils: nous voyions
sur la Crimée un nuage de fumée qui s'étendait, roulait
sous des nuages plus élevés, puis se confondait avec eux...
Il y eut des volées de canon d'un éclat si puissant que nous
crûmes voir un frémissement courir à la crête des vagues.
Nous avions hâte d'arriver, mais une fausse manœuvre
retarda notre débarquement, et ce ne fut qu'à l'arrivée de
la nuit qu'il put s'opérer; mais Dieu! quel désordre,
quelle confusion; que de bruits de tambours, de retentis-
sements des clairons, que de cris, que de plaintes, que
de clameurs confuses! L'odeur de la poudre s'étendait
jusqu'au port; elle me porta à la tête, m'exalta, puis je
tombai dans une situation étrange d'esprit. Je crus assister
à une scène infernale telle qu'en décrit notre grand Milton.

J'avais trouvé un refuge sous la charrette d'une canti-
nière, et m'endormis enveloppé dans mon manteau, sans
autre couche que la terre humide. Les rêves les plus
fantastiques agitèrent mon sommeil, à chaque instant trou-
blé par les rumeurs indéfinissables du camp.

Le matin il me fut impossible de trouver un logement;
un officier anglais m'accueillit sous sa tente; alors je vis
quelque chose de bien propre à dégoûter de la guerre, à
faire sentir le néant de ce mot gloire, mot magique qu'on
ne peut presser sans en voir couler des ruisseaux de sang.

Du champ de bataille arrivaient des brancards, des char-
rettes, des montures de canons, chargés de soldats blessés,

mutilés ; là des bras pendants, des jambes coupées, des
têtes brisées, des poitrines entr'ouvertes, et du sang partout ; il ruisselait sur les habits rouges, fumant encore ; et
tous ces visages de blessés !... Mon Dieu ! me dis-je dans
l'amertume de mon cœur, voilà donc l'ouvrage de tes
mains, ces créatures faites à ton image et à ta ressem-
blance ! Ai-je mal lu tes Saintes Ecritures ? Au lieu de leur
dire : Croissez et multipliez, je vous ai livré les trésors
inépuisables de la terre ; gagnez votre pain à la sueur de
votre front, aimez-vous les uns les autres ; leur as-tu dit :
Je vous ai donné une intelligence supérieure à celle de tous
les autres êtres pour que vous tourniez cette intelligence
vers les arts destructeurs, pour éveiller en vos âmes les
mauvaises passions, toutes les ambitions qui jettent les
hommes dans le champ du carnage, qui les moissonnent
comme le moissonneur les épis. Oh ! non, mon Dieu ! tu
dis à l'homme : Tu ne tueras point ! tu marquas du sceau
de ta colère le premier meurtrier, et tu ne voulus même pas
qu'il fût tué à son tour ! Qu'est-ce donc que ce mystérieux
problème posé à la pauvre raison humaine !

Ces réflexions attérantes m'obsédaient encore, quand
mon hôte m'entraîna sur le champ de bataille, pour m'a-
guerrir, me disait-il : je le vis ce champ de bataille, mon
ami ; et tout conquérant qui peut le voir sans remords, sans
déchirements d'entrailles, sans entendre un cri déchirant
sortir de sa conscience, est un monstre vomi par les puissances infernales.

A travers les cadavres des hommes, des chevaux, les
débris de canons, de fusils, d'habits sanglants et déchirés,
des soldats souillés de sang soulevaient les corps, interro-
geaient la mort pour reconnaître un ami, un camarade,
un blessé encore vivant. Leurs pas foulaient des bras, des

jambes, des têtes hideuses de leurs blessures, et sur tout
ce champ de mort, une atmosphère chaude, humide,
d'une odeur de sang... Je me sauvai épouvanté, une fièvre ardente s'empara de moi, je ne sais ce que je devins ;
plusieurs jours après, la raison me revint et je vis auprès
de ma couche de paille un homme vêtu de noir : c'était un
prêtre catholique. Un cœur pusillanime comme le mien,
une chair comme la mienne, qui n'était pas propre à être
percée par la balle, lardée par le sabre, broyée par le bou-
let, était indigne d'être admise dans une ambulance. La
charité chrétienne m'accueillit ; il ne savait pas, cet homme
de Dieu, que quoique Anglais, ma religion est la religion
romaine. Il m'avait trouvé errant dans le délire, et m'avait
sauvé au milieu d'une confusion qui ne permettait pas de
songer à un homme sans blessures.

Les onze jours que je passai encore en Crimée me rétablirent assez pour me permettre de m'embarquer. Je me
rappelle des paroles aussi vraies qu'inhumaines que me dit
un officier anglais... Eh ! que veniez-vous faire dans cette
galère, pensiez-vous trouver ici le confort anglais, et de
meilleur bœuf que celui de Londres ?

Vous savez maintenant l'épisode le plus douloureux de
ma vie ; je ne suis pourtant pas un lâche.

Gérard avait écouté son ami en silence ; quand il eut
cessé de parler, il lui serra fortement la main et lui dit :
J'ai cru que vous aviez pénétré mes pensées et que vous
me les rendiez. Élevé dans l'espoir de faire ma carrière
militaire avec honneur, j'ai compris, presque dès mon début, qu'elle ne convenait ni à mes goûts ni à mes sentiments d'humanité. Cette pensée était entrée si profondément dans mon esprit que, lorsque je voyais une croix sur
la poitrine d'un homme revêtu d'un uniforme, je me di-

sais : Voilà la récompense du sang humain versé par un homme. Soldat, j'ai fait mon devoir; homme, j'ai maudit la cruelle nécessité qui me le commandait; chrétien, j'ai renoncé à la carrière du sang et j'ai envoyé ma démission. Aujourd'hui, libre de tout lien, je veux commencer une nouvelle vie et ne plus oublier que tous les hommes sont mes frères en Jésus-Christ; qu'il est mort pour tous, et que la tombe nous recevra tous pour paraître devant un juge étranger aux misérables passions humaines.

Comme vous, ami, j'ai été enthousiaste des gloires de la patrie; je les lisais dans les livres; dès que je les ai lues sur le champ de bataille, j'ai senti qu'elles étaient achetées trop cher, puisqu'elles étaient payées par le sang humain. J'ai vu mon pays avili après des triomphes sans nom; j'ai gémi de ses revers, et j'ai compris qu'une guerre n'était juste que pour la défense de la patrie.

Ces vastes massacres d'hommes par le plomb, le fer et le sabre, sont les holocaustes affreux offerts sur les autels de l'ambition, et l'homme ne doit sa vie qu'à Dieu, qu'à son pays, qu'à sa famille. O mon ami, si la sainte loi du Christ était suivie sur la terre; si l'homme n'oubliait pas qu'il est le fils de Dieu comme tout autre homme; si la divine parole « aimez-vous les uns les autres » était suivie, il n'y aurait ni conquérants ni ambitieux, et la paix régnerait ici-bas, car la doctrine du maître se répandrait sans effusion de sang jusque dans les contrées les plus reculées de la terre, et nous aurions enfin le royaume de Jésus-Christ, le règne de la charité !

C'était dans de pareils entretiens que les deux amis, désormais connus l'un de l'autre, passaient les heures de la journée, lisant et commentant les bulletins du théâtre de la terrible guerre de Crimée.

Un jour ils étaient assis sur la terrasse de la maison, promenant un regard indifférent sur le magnifique Bosphore car la vue s'accoutume à tout, et finit par voir avec insouciance ce qui l'avait frappé d'abord, quand leur hôte vint les aborder avec son humilité ordinaire.

— Une occasion favorable pour accomplir votre projet se présente, leur dit-il : une petite caravane doit se rendre à Alep dans la quinzaine ; mon fils et celui d'un de mes associés en feront partie : j'ai cru que vous pourriez profiter de cette circonstance et mettre à exécution vos projets de pèlerinage.

Rien ne pouvait être plus agréable aux deux amis ; aussi se préparèrent-ils à ce voyage avec satisfaction. La santé de Georges s'était raffermie ; les obstacles n'existaient plus.

III

PRÉPARATIFS DU DÉPART. — LA CARAVANE.

Le Maronite avait bien ses vues en conseillant à ses deux hôtes de partir avec la petite caravane que lui et deux de ses associés envoyaient à Alep. Il savait que l'habit franc en imposerait aux populations que la caravane traverserait dans sa marche, et que les deux étrangers, ne partant pas seuls, augmenteraient le nombre des hommes, et que ce nombre la ferait respecter. Quoique peu nombreuse, la caravane n'en transportait pas moins des objets du plus grand prix et qui, vu les circonstances, assuraient aux associés des bénéfices énormes : aussi fit-il tout ce qui dépendait de lui pour assurer la sécurité de la caravane, et ce qu'il faisait s'accordait parfaitement avec les vues des deux amis. En Orient, leur dit-il, on ne connaît qu'une loi, et cette loi, c'est le plus fort qui la dicte. Mettez-vous donc en état de la dicter et non de la subir.

Deux zouaves, dont l'un avait fini son temps de service et l'autre avait été oublié, comme blessé convalescent, se trouvaient dans le faubourg de Péra, vivant au jour le jour, et souvent de la libéralité de Gérard de Nanteuil ; il les prit à son service et leur promit de les ramener en France. Le Maronite procura à Georges Wilson deux serviteurs du pays, dont il garantissait la fidélité. Les voilà donc avec une domesticité sûre et capable de les protéger. Gérard, en sa qualité d'ancien officier, songea aux armes défensives et offensives : il fit emplète de six excellents fusils de France et de six revolvers, dont les troupes anglaises avaient introduit l'usage à Constantinople.

Tandis que Gérard s'occupait du matériel militaire, Georges Wilson songeait à ce qu'il nommait le confortable du pèlerinage. Il avait amassé la charge d'un chameau de conserves Apert, fait provision de deux tentes, de manteaux et de tapis pour couvrir la terre les nuits de halte en plein sol ; enfin, en véritable Anglais, il avait songé aux nécessités de la vie.

Notre hôte nous prévint que la caravane devait se mettre en route le 15, nous étions au 5 ; nous avions donc encore dix jours pour compléter nos provisions. Georges descendit à ce sujet dans les détails les plus minutieux et n'oublia pas surtout les vivres et les munitions. On eût dit,

à voir tout ce qu'il avait acquis, que nous allions faire un
voyage et nous établir dans quelque île déserte. Je possé-
dais une excellente carabine Minié et un magnifique revolver à six coups. Georges chargea le Maronite de lui procurer de pareilles armes, non pas seulement pour lui, mais
aussi pour nos quatre serviteurs. Il me prenait quelquefois des envies de rire à la vue de cet arsenal, mais je
reconnus dans la suite que la prévoyance de Georges n'était
pas allée trop loin.

Ce qui m'amusa le plus fut les singuliers paniers qu'il
fit construire sous ses yeux et qu'il destinait à recevoir nos
bagages. Ces paniers, qui excitèrent aussi la surprise du
Maronite, qui n'avait jamais vu des chameaux avec un
chargement si singulier, avaient quatre pieds et demi de
longueur, quatre de hauteur, et un seul d'épaisseur. Un
cuir fort épais les recouvrait : l'intérieur était matelassé de
l'épaisseur de plus d'un pouce; on eût dit qu'il avait l'intention d'emporter une douzaine de nourrissons turcs pour
les transporter à Alep. Georges se contentait de répondre
à nos questions : Nous verrons plus tard s'ils seront utiles.

Enfin le jour du départ arriva, et ce ne fut pas sans regret
que je quittai le bon Maronite chez lequel j'avais trouvé
une si douce hospitalité et reçu tant de soins affectueux.
Georges se trouvait trop distrait, trop occupé du chargement de notre bagage pour se montrer bien sensible à
cette séparation.

Nous avions trois chameaux, quatre chevaux et un âne.
A la vue des chameaux chargés, le Maronite eut peine à
conserver sa gravité orientale; on ne voyait que leur long
cou et l'extrémité de la croupe. On eût dit que c'était une
caisse carrée dans laquelle un bureau était renfermé et

n'avait de possibilité de mouvoir que le cou, les jambes et la queue.

Les deux serviteurs de Georges furent hissés entre les paniers sur le dos de l'animal; mais le zouave Charles refusa positivement de s'installer sur le troisième chameau, préférant chevaucher sur l'âne. Il fallut abandonner, à lui et à son camarade Pierre, les deux chevaux que Georges réservait pour alléger la fatigue de ceux que nous montions. Enfin, le petit débat terminé, les deux Maronites, qui devaient être du voyage, donnèrent le signal du départ et nous suivîmes une route qui tournait autour de Constantinople pour aller joindre la caravane qui nous attendait vers l'est, ne voulant pas entrer dans la ville occupée par des étrangers.

J'ai été souvent frappé de la répugnance que montrent, en général, les Turcs, à reconnaître les autres nations comme amies, même quand, comme alors, elles leur viennent en aide.

Ce peuple, et il faut en dire autant de tous ceux de l'orient, des Arabes surtout, est composé d'un métal que l'on ne peut combiner, assimiler à aucun autre. Il habite l'héritage de ses pères; un étranger est indigne de fouler ce sol héréditaire; enfin, la stupidité des lois religieuses, telles que les interprètent les ulémas, met un obstacle que les nations européennes ne parviendront jamais à franchir, si de grandes réformes ne sont introduites dans les mœurs et surtout dans le gouvernement. Sont-elles possibles sans le christianisme? Le temps répondra à cette question.

La caravane était composée de cinquante chameaux, de trente cavaliers et d'un certain nombre de petits marchands montés sur des ânes. L'arrivée de notre petite troupe l'augmenta de dix hommes en comptant les deux Maronites et leurs esclaves ou serviteurs, car ils paraissaient être traités sur ce dernier pied.

Le chef de la caravane, Souleyman, était un homme de haute stature, orné d'une barbe remarquable pour son ampleur et sa longueur... Son air froid et presque hautain indisposa un peu les deux amis, et fit plaisanter les zouaves; mais en voyage, il faut se faire à tout, en Orient surtout. L'âne qui marchait en tête, comme chef de file, et qui, à cause de cet honneur, est exempt de tout fardeau, prit un trot fort rapide, et la caravane défila.

On fit halte sur une hauteur, d'où la ville de Constantin se dessinait au loin, sous un ciel légèrement ondulé de nuages: le soleil penchait à l'occident, et ses rayons, glissant sur les dômes des mosquées, sur les hauts minarets, éclairaient la cité d'une lueur presque rougeâtre, tempérée par le vert sombre des cyprès et des sycomores qui s'élevaient de tous les cimetières renfermés dans l'enceinte de la ville.

Le souvenir du passé s'éveilla en moi à la vue de ce spectacle qui avait quelque chose de fantastique. Il me sembla que cette lueur presque terne, si différente des autres clartés du jour, s'harmoniait avec le caractère d'un peuple qui s'éteint dans l'ignorance et dans le fanatisme; et je me demandais ce que deviendrait cette cité si admirablement située, si elle tombait au pouvoir d'un peuple actif, industrieux et avancé dans la civilisation? Cette terre fut jadis si peuplée, si productive, aujourd'hui elle est presque déserte, ses champs sont en friche, et ses habitants courbés sous le bâton, rançonnés de toutes les manières. Pourtant, c'est le même soleil qui l'éclairait comme au temps de sa prospérité; ces campagnes sont celles qui produisaient des fruits en abondance.

Le stupide despotisme turc a tout changé, tout, jusqu'aux dons que Dieu fait produire à la terre sans les travaux de l'homme. Il a déraciné les bois, arraché les arbres fruitiers, et tout cela achève la désolante perspective du pays. Je fus distrait de ma rêverie par des cris que j'entendis. C'était Georges qui s'efforçait de calmer mes deux zouaves qui, s'étant crus molestés par deux Turcs, les avaient saisis par la barbe et fort malmenés...

Souleyman interposa son autorité et laissait pencher la balance de la justice en faveur de ses coréligionnaires. J'arrivai, et, ayant pris connaissance de la cause du débat, je tâchai de faire comprendre au chef de la caravane que si les Turcs n'avaient, sans provocation aucune, traité mes serviteurs de giaours, terme de mépris, ce dont il se plaignait n'aurait pas eu lieu ; que des soldats français savaient se faire respecter, en quelque lieu qu'ils se trouvassent, et que j'entendais bien qu'ils le seraient.

Souleyman demanda une bourse pour chaque barbe souillée par la main d'un infidèle, je lui déclarai net qu'il n'obtiendrait rien de moi, puisque j'étais assez modéré pour me contenter de ce que l'insulte faite à mes serviteurs avait été punie sur-le-champ. La discussion allait s'envenimant, et Georges avait déjà son revolver à la main, mes deux zouaves leurs carabines, quand les deux Maronites, tirant Souleyman à l'écart, parvinrent à le calmer.

Nous nous remîmes en route, encore tout émus de ce qui venait de se passer ; mais je pus bientôt remarquer que les gens de la caravane cherchaient à nous éviter. Pour prévenir de nouveaux débats, je sermonai un peu fortement mes deux zouaves. Bah! capitaine, me dit Pierre, vous ne voudriez pas que ces chiens d'infidèles fissent la loi à deux chrétiens, surtout quand nous sommes venus les sauver des griffes de Nicolas le russe. Non, cela ne se peut pas, capitaine, nous sommes tous les deux Français et nous avons servi dans les zouaves.

Ils me promirent, cependant, d'être moins susceptibles à l'avenir, et je crus tout fini. J'ignorais encore que les deux Maronites avaient donné quelques piastres au chef de la caravane, et qu'ils l'avaient ainsi calmé : mais Souleyman les avait logées dans sa ceinture, et les barbes des vrais croyants, souillées par la main des infidèles, n'avaient pas reçu de satisfaction : le Turc est rancunier de sa nature ; il n'y eut donc sorte d'avanie qui ne fût faite aux giaours, car toute la caravane avait pris parti pour les barbes musulmanes. Les deux amis, prévoyant qu'ils ne pourraient s'aventurer dans un pays presque désert et d'ailleurs infesté de brigands, en compagnie de gens dix fois plus nombreux qu'eux, résolurent de les quitter, de se rapprocher de la mer de Marmara, d'où ils se rendraient par mer à Jérusalem.

Quoique ce nouveau plan contrariât Georges, il en sentit la nécessité et y acquiesça. Ils se trouvaient alors à trois journées de marche de Constantinople, dans la presqu'île qui sépare la mer de Marmara de la mer Noire, à environ une journée de Nik-mid, l'ancienne Nicomédie. Retourner à Scutari où ils étaient certains de trouver un navire, ou doubler la pointe de terre pour se rendre à Nicée, c'est ce qu'ils eurent à choisir. Ce dernier parti l'emporta, car il leur répugnait de rétrograder et de revenir encore parmi les Turcs de Constantinople.

IV

DANGERS COURUS.

Le jour suivant, au point du jour, on donna le signal du départ, la petite troupe d'Européens laissa partir les Turcs et ne leva point ses deux tentes. Les Turcs eurent l'air de ne pas s'en apercevoir et se mirent en route : alors tout étant prêt pour le départ des deux amis et de leurs gens, les tentes furent promptement abattues et chargées sur les chameaux, et ils se mirent en route vers le sud-sud-ouest. Le pays était fort accidenté, mais plus riant, moins désert même qu'à une journée de Constantinople : souvent ils se croisaient avec des gens qui conduisaient des troupes de buffles, d'ânes et de moutons, dirigeant probablement ces animaux vers Constantinople.

Ils ne reçurent, jusqu'au second jour de marche, aucune molestation. L'habit franc et leur attitude semblaient les protéger; mais, le troisième jour, ils découvrirent au loin des torrents de fumée au-dessus d'un village situé sur une montagne. C'était une expédition des Batchi-Boudjouks, espèce de condottieri que le sultan appelait à Constantinople pour les incorporer dans ses troupes. Ces bandits traversaient le pays en volant, dévastant et incendiant les lieux où on leur opposait de la résistance.

La petite troupe franque continua sa route en s'orien-

tant vers la latitude de Nicée. Elle suivait une belle plaine,
où çà et là s'élevaient des bouquets d'arbres, quand tout-
à-coup elle découvrit une trentaine de cavaliers galopant
en désordre et se dirigeant à sa rencontre.

Je compris, continue Gérard de Nanteuil, que nous
allions tomber entre de très mauvaises mains , et je fis préparer les armes. Tandis que je m'occupais de ce soin,
Georges déchargeait les chameaux et nous entourait de
leurs longs paniers. Voilà un retranchement tout prêt, me
dit-il avec satisfaction; que les Batchi-Boudjouks viennent,
nous avons des balles à leur service. Il me parut si calme
que j'en fus étonné ; mais nous avions bien autre chose à
faire que de prolonger la conversation. La bande de cavaliers fondait sur nous comme des milans sur leur proie...
Ah ! ah ! s'écria Pierre le zouave, ces gens-là croient tomber sur des pékins ! attendez , mes camarades , vous allez
entendre une musique et recevoir de moi une lettre qui va
plus vite que vos chevaux ou vos coureurs tartares. Je voulus l'empêcher de faire feu. Comment, me dit-il, voulez-
vous que nous attendions qu'ils soient à portée de pistolet
pour nous faire cribler. ils sont trois contre un. Il se cour-
ba sur un des paniers de Georges, le coup partit, et quoique la distance qui nous séparait des Batchi-Boudjouks fût
de plus de six cents mètres, le cavalier le plus avancé de la
troupe tomba de cheval. C'est comme ça que nous traitions
les Bédouins d'Afrique et les soldats du russe Nicolas...
Voyons ce que vont faire les autres... Il rechargeait son
arme en parlant.

Les cavaliers, après s'être arrêtés un instant, fondirent
sur nous d'un même élan , mais cette fois ils furent accueillis par six coups de carabine qui renversèrent trois cavaliers... Ils firent halte et nous eûmes le temps de rechar-

ger nos armes. Ils nous envoyèrent une fusillade éparpillée, mais la distance était encore trop grande pour la portée de leurs fusils. Une ou deux balles mortes frappèrent notre retranchement, qu'elles ne percèrent même pas...

L'odeur de la poudre m'était montée à la tête, j'excitai mes gens de la voix et de l'action, car je tirais avec beaucoup de célérité. Les cavaliers trouvant la partie trop dangereuse, se reculèrent d'environ deux cents mètres, tandis que nos balles hâtaient leur retraite.

Jusqu'ici l'autre zouave n'avait pas prononcé un seul mot; il chargeait et déchargeait sa carabine avec une étonnante rapidité.

— Tenez, capitaine, me dit-il, ces gens-là s'amusent à nous envoyer des balles perdues et se croient à l'abri des nôtres parce qu'ils ne peuvent nous atteindre. Voyez-vous ce grand turban blanc à la gauche de la troupe, il va recevoir des nouvelles d'un soldat français. Il visa un instant, le coup partit, et nous vîmes le cheval du cavalier au turban blanc faire un bond, puis s'affaisser sous son cavalier. Ce coup décida l'ennemi à la retraite; mais pour se venger sans doute, il nous envoya une véritable volée de coups de fusils qui ne nous atteignit point...

Quand ils furent hors la portée de la vue, Georges me dit: « Ami, avec de pareils hommes on peut tout tenter. » Les deux serviteurs qui, quoique musulmans, ne nous avaient point quittés, lors de notre séparation d'avec la caravane, et qui n'avaient fait feu qu'une seule fois, regardaient les carabines avec admiration; mes deux zouaves leur parurent des héros.

— Croyez-vous, me demanda Georges, que ces gens-là ne voudront pas prendre leur revanche cette nuit ou demain?

— Je le crains, lui répondis-je; c'est pour cela que nous ferons bien de gagner le village incendié, nous y trouverons probablement quelques habitants, et ils feront cause commune avec nous; ne les avons-nous pas vengés de leurs voleurs?

Nous entrions, deux heures après, dans le village, qui n'était plus qu'un monceau de charbons et de cendres. Le peu d'habitants qui se trouvaient aux alentours savaient déjà quelle réception nous avions faite aux Batchi-Boudjouks; ils s'empressèrent autour de nous, mais je crois que le désir d'en obtenir quelques secours, dans leur détresse, contribua beaucoup à l'empressement de leur accueil.

Nous leur distribuâmes quelques vivres, des troupeaux furent ramenés des lieux cachés, et nous campâmes le soir sur un sol encore chaud du feu de l'incendie, et entourés d'une population qui n'avait plus pour couche que la terre et pour toit que la voûte du ciel.

Nous passâmes une nuit aussi tranquille qu'on pouvait la passer après les événements de la journée précédente. Plusieurs fois je fus éveillé par les ronflements sonores de mes deux zouaves, qui dormaient étendus sur leurs carabines. Georges nous éveilla le matin : Il faut, me dit il, que nous sachions à quelle distance nous sommes de Nicée, et en même temps la route la plus courte et la plus sûre, s'il est possible.

Les habitants nous dirent que nous avions encore trois grands jours de marche, parce que les dernières pluies avaient tellement détrempé les chemins que nos animaux ne pourraient y avancer que lentement. Ils ajoutèrent, et cela ne nous rassura pas beaucoup, qu'il existait une grande fermentation dans la contrée par suite des bruits répandus sur les intentions du sultan, qui, à l'instigation des alliés, voulait altérer les préceptes du Koran.

Il eût été inutile de chercher à démontrer à ces pauvres aveugles que la civilisation, au moyen d'une administration dans l'intérêt des populations, ne portait aucune atteinte à leurs fausses croyances; ils ne nous eussent pas compris.

Ils nous fournirent deux guides qui nous conduiraient, par une route plus directe et en même temps moins exposée à la rencontre des soldats irréguliers, que l'on appelait à Constantinople, et qui passaient, ainsi que nous le voyions par la destruction de leur village, comme des bandes de brigands.

La route que nous suivions traversait des terres qui eussent été d'une admirable fertilité si le travail de l'homme avait secondé la richesse du sol; mais, à côté de quelques cultures, aux environs des rares villages que nous découvrions, car nos guides nous les faisaient éviter, l'œil ne découvrait que des plaines couvertes d'une végétation stérile. Les arbres se montrèrent assez nombreux, s'élevant çà et là selon que le sol les avait produits. L'aspect des villages décelait la misère, l'incurie et la malpropreté. C'était un spectacle presque désolant.

Il fallait que ces contrées fussent bien productives, pour que les Turcs, depuis une occupation de tant de siècles, ne les eussent pas encore réduites à la solitude...

A la halte du milieu du jour, dans un vallon qui eût été délicieux chez un peuple agriculteur, nous fîmes rôtir un agneau acheté par un de nos guides. Ce fut un repas patriarcal; la flamme devant laquelle rôtissait notre agneau s'élevait en ondulant, jetant sa fumée tantôt d'un côté, tantôt de l'autre, selon les caprices du vent. Nos serviteurs étaient étendus autour, fumant nonchalamment leurs chibouques ; les zouaves avaient adopté cette manière de fumer, trouvant le tabac plus exquis.

Les deux serviteurs de Georges aidaient les guides à tourner la broche en bois, suspendue sur deux pièces de bois, poussaient des branches dans le feu, et savouraient le fumet du rôti. Nos chameaux, encore chargés de leurs singuliers paniers, allongeaient le cou sur nous, comme s'ils eussent pris intérêt à nos préparatifs ; au-dessus de nos têtes un ciel pur où la fumée bleuâtre s'évanouissait, et, autour de nous, de petits coteaux, couverts d'arbres et d'arbustes. Le tout était silencieux , sauf le lieu de notre réunion et le murmure d'un petit ruisseau, où nos guides et nos serviteurs musulmans avaient fait leurs ablutions.

Georges ne jouissait pas comme moi de cette scène antique ; Anglais jusqu'à la moelle des os, il songeait au confortable, fouillait dans les paniers et allait donner à notre festin champêtre une teinte de civilisation anglaise.

Après avoir descendu des terres assez élevées, nous découvîmes au fond d'une large vallée une grande rivière grossie par les pluies ; soit que les guides n'eussent pas prévu cet obstacle, soit qu'ils ne connussent pas bien les lieux, ils s'arrêtèrent tout surpris, et, après un entretien entre eux, ils nous déclarèrent que le gué n'était pas praticable et qu'il fallait remonter le cours de la rivière, durant une demi-journée, pour pouvoir la traverser. Georges ne fut pas de cet avis, mes zouaves furent du sien. Je me taisais ; la longueur, la profondeur et surtout la rapidité du courant me paraissaient trop dangereux pour tenter le passage : je me rangeai de l'avis des guides...

— Soit, me dit Georges ; mais je veux auparavant tenter le passage ; mon cheval est vigoureux, et l'on a vu traverser des courants plus rapides.

Il descend vers la rive : son cheval entre bravement dans l'eau ; nous le suivons des yeux avec une sorte d'anxiété. Tout-à-coup, le cheval plonge, la tête seule surnage, et le pauvre Georges, soulevé par l'eau, est entraîné par le courant. Il ne savait pas nager. Il était perdu, et je poussai un cri de douleur, quand les deux zouaves se jetèrent à l'eau, n'ayant pris que le temps de poser leurs armes, d'ôter leur habit ; et les voilà nageant après le malheureux Georges, qui paraissait et disparaissait, roulé qu'il était par le courant.

Je m'élançai à mon tour sur la descente de la rive, suivant avec terreur les trois lutteurs, car c'était une véritable lutte à mort. Pierre saisit l'Anglais par un pan de sa redingote, son camarade saisit le bras de Pierre, et j'arrivai assez à temps pour les attirer d'un endroit où l'eau me montait jusqu'à la ceinture.

Georges fut donc sauvé, mais il avait bu tant d'eau qu'il en avait perdu connaissance. Je le couchai sur le côté droit et excitai le vomissement ; peu après il soupira et ouvrit les yeux. Transporté au lieu de halte, nous fîmes un grand feu et remîmes Georges sur pied.

Durant cette scène, plus qu'émouvante, ni nos serviteurs turcs, ni nos guides n'avaient pas bougé : ils s'étaient contentés de lever les mains en prononçant le mot *Allah !* et de terminer en disant sentencieusement : Cela est écrit... Ils eussent laissé périr le pauvre Georges.

Le projet de traverser la rivière fut abandonné, et nous nous mîmes en marche, en remontant le courant, sans espoir de trouver un pont. Certainement il y en eut un dans des temps plus reculés, mais les Turcs détruisent tout et ne réparent rien.

Près d'un gros village, situé presque sur les bords de

la rivière, nous trouvâmes bien de misérables petits bateaux, mais c'eût été folie de tenter le passage dans ces
fragiles embarcations. D'ailleurs on nous dit qu'à la distance d'une lieue nous trouverions un terrain bas, étendu
et inondé des eaux de la rivière, que là le passage était facile ; que c'était à ce lieu que se rendaient tous ceux qui
voulaient passer d'une rive à l'autre aux temps des grandes
eaux.

Il était nuit tombante quand nous atteignîmes ce lieu, et
il fallut se résoudre à camper pour la nuit, car il eût été
dangereux de tenter ce passage inconnu durant les ténèbres. Georges était devenu très patient, il avait payé assez
cher la leçon du matin.

Nous n'étions pas encore levés le matin du jour suivant,
lorsque nous entendîmes un grand bruit du côté de la rivière ; c'était une troupe de marchands et de conducteurs
de bestiaux qui traversait le gué, en passant de l'autre rive
sur celle que nous occupions ; il me parut prudent de nous
mettre en état de défense, car dans ces contrées la rencontre des hommes en troupe est quelquefois fatale.

Tandis qu'ils traversaient la rivière, j'observais avec attention la ligne qu'ils suivaient. Ils allaient à la file, leurs
chameaux venaient en faisant beaucoup de difficultés, derrière les buffles et les autres troupeaux. Et c'était un âne
qui marchait en tête, suivi des cavaliers qui se tenaient sur
les deux flancs de la file. Le gué était bon, peu profond et
large.

A notre vue, surtout à celle de nos vêtements francs, les
voyageurs s'arrêtèrent sur la rive avec des marques d'in-
quiétude ; nous restions immobiles, l'arme au bras, seul
moyen d'en imposer à ces populations pillardes. Mais nous
avions des craintes mal fondées ; ces gens étaient de pai-

sibles marchands, à qui nous avions inspiré une véritable terreur.

Nos guides s'abouchèrent avec eux, et ils eurent la politesse de nous envoyer un quart de couffe (mesure turque) de café moka...

Nous traversâmes le gué sans accident, malgré la résistance de nos chameaux, et après une heure de marche dans un pays vraiment admirable et pittoresquement accidenté, nous trouvâmes une route bien battue et pavée dans une partie de sa longueur. On nous dit que c'était une ancienne voie romaine.

Tout-à-coup, au détour du chemin qui descendait la pente d'une petite montagne, une grande et magnifique plaine se déroula sous nos yeux, ainsi qu'un immense lac, dont les eaux réflétaient les rayons du soleil couchant : c'était l'antique Nicée, fondée par Antigone, un des successeurs du vaste empire d'Alexandre. Cet empire démembré se fondit, en grande partie, dans un autre empire plus vaste que celui du prince vainqueur de l'Asie, dans le colossal empire romain.

Pline, étant gouverneur de la Bithynie, embellit cette ville d'un théâtre magnifique; et cette cité aujourd'hui réduite à environ trois cents maisons, entourée de colonnes brisées, de statues mutilées et de tous les débris qui attestent les grandes villes tombées, avait eu une étendue considérable, et des écoles fameuses de philosophie; tombée au pouvoir des chrétiens, elle fut la capitale d'un royaume érigé par Théodore Lascaris, siége des archevêques, et devint à jamais célèbre par la tenue de deux conciles œcuméniques, le premier sous Constantin (l'an de Jésus-Christ 324), et le second qui porte encore le nom de cette ville (787). Les Goths la saccagèrent, et elle subit une seconde décadence. Plusieurs hommes illustres naquirent dans ses murs : l'astronome Hypparque, Dion-Cassius, etc. Malgré sa décadence elle fait encore un commerce considérable en vins et soie, mais son séjour est malsain à cause du lac qui l'avoisine. Cette immense pièce d'eau a environ sept lieues de longueur sur deux de largeur; ce lac communique avec la mer de Marmara.

En entrant dans cette cité si déchue, je fus frappé du nombre des débris d'autels, de statues, de colonnes et d'inscriptions incrustées dans les murs et dans les maisons.

Le passé racontait sa grandeur au présent qui étalait pitoyablement ses ruines.

Nous avions besoin de repos; nous séjournâmes cinq jours dans cette ville, dont je parcourus les ruines et tâchai de fixer les lieux des anciens monuments, tandis que mon ami Georges se débarrassait de tout le bagage qui nous devenait inutile sur mer, et nolisait une grande barque pour nous transporter dans la mer de Marmara...

Il se défit de tout avantageusement, même de ses paniers, qu'un négociant en soie acheta en échange de tissus.

J'ai oublié de dire que, dès le premier jour de notre arrivée à Nicée, nous avions congédié nos deux fidèles guides, avec l'âne qu'ils avaient convoité au passage du gué, et qu'ils ne purent en faire usage pour monture, car l'onagre s'en allait avec eux chargé de toutes les menues marchandises qu'ils avaient obtenues en sus de notre troc du chameau.

J'espère que les Batchi-Boudjouks n'auront pas oublié les deux zouaves et leurs compagnons, et que les habitants du village incendié se rappelleront le passage de la petite caravane franque.

La barque est nolisée, nos bagages sont sur son bord.

Adieu Nicée, tu as oublié la splendeur sous les humiliations du despotisme musulman !

La grande barque nolisée par Georges avait un chargement de vins et de denrées du pays, et devait trouver des navires dans la mer de Marmara qui la déchargeraient de son lest. Le patron, Hussein-Kan, nous assura que nous trouverions des navires de transport qui revenaient de Constantinople et de la Crimée, et qu'ainsi notre retour, soit en Europe, soit dans une des îles de la Méditerranée, serait facile.

Je me réjouis de ces bonnes nouvelles ; j'avais hâte d'accomplir mon pèlerinage et de retourner en France, où j'avais laissé des affections de famille auxquelles je pensais souvent. Cependant il s'était fait un grand changement dans mes idées et dans ma manière d'envisager la vie. Toutes les illusions de gloire, d'avancement, du rôle à jouer sur le grand théâtre de la société, s'étaient évanouies. La gloire militaire, je la prisais ce qu'elle vaut.

C'était en voguant péniblement sur le lac de Nicée que je faisais de sérieuses réflexions, différentes de celles qui avaient occupé mon esprit dans les premiers temps de ma vie ; un autre cours avait été donné à mes idées, je m'étais inspiré du véritable esprit de ma religion, la vie m'était apparue telle qu'elle est. Je comprenais que je pouvais la couler doucement, si je m'éloignais du cours du torrent, si je me retirais loin du tumulte, si je pratiquais sincèrement les préceptes d'une religion qui me commande d'aimer Dieu, l'auteur de mon existence, l'origine et la source de tout bien, de l'aimer par-dessus toutes choses, et mon prochain, c'est-à-dire mes frères, quels qu'ils soient, comme moi-même.

Georges entrait dans toutes mes opinions ; je ne lui con-

naissais que deux points sur lesquels nous n'étions pas positivement d'accord. Georges mettait avant tout le peuple anglais, son commerce, son industrie, dont les produits se
répandaient dans toutes les parties du monde ; les affaires
des Indes orientales le mettaient bien un peu dans l'embarras ; mais il s'en tirait toujours en faisant marcher ce qu'il
nommait plaisamment la réserve, les hautes considérations
de civilisation, de fusion des peuples, d'extension du commerce, etc.

L'autre point était plus mal défendu : c'était son amour
excessif pour le confort.

Le lac sur lequel nous naviguions péniblement a, ainsi
que je l'ai déjà dit, environ sept lieues et se décharge dans
la mer de Marmara ; ce qui rend ses eaux presque stagnantes, c'est qu'il est presque au même niveau que cette mer,
du moins je l'ai cru, en voyant la faiblesse du courant à son
embouchure dans cette mer.

La grande barque était trop chargée, tirait trop d'eau et
râclait trop souvent le fond du lac. Cette nappe d'eau est
alimentée par plusieurs rivières et une quantité de filets
d'eau, presque sans cours. Aussi l'air est humide et malsain, et je ne trouvai point à la population cette carnation,
ce regard qui annoncent la santé. Les fièvres y sont fréquentes, surtout pour les étrangers. Si je restais longtemps
dans cette ville, me disait Georges, la veille de notre départ, je perdrais l'appétit et le peu de santé que j'ai recon-
quise sur les fièvres de Crimée. On n'a pas ici de bœuf passable, le mouton est flasque, la volaille maigre, et le pois-
son du lac a un goût de vase. Quant au vin, je le déclare
passable ; aussi j'en ai fait remplir nos outres pour la traversée.

Les bords du lac, quoique généralement peu élevés, me

parurent charmants et d'une grande facilité; mais la grande
quantité de plantes aquatiques, qui souvent s'avancent fort
avant dans le lac, indiquent un fond rapproché du niveau
de l'eau, et par conséquent marécageux. A l'embouchure
du lac nous trouvâmes plusieurs barques appartenant à des
vaisseaux mouillés au large : nous apprîmes que deux petits
bâtiments grecs retournaient à Smyrne, mais qu'ayant à
réparer quelques avaries, ils ne partiraient que dans quelques jours.

Georges se rendit à bord de ces deux navires, les examina avec l'attention qu'il mettait à tout ce qui pouvait
contribuer au confort de la vie, et jeta son dévolu sur le plus
petit, qui lui parut réunir toutes les conditions désirables;
les canots emportèrent notre bagage, et le soir même, nous
étions installés dans une assez grande cabine et aussi à l'aise
qu'on peut l'être sur un navire.

Je me trouvai heureux de respirer l'air salubre de la mer :
notre séjour à Nicée et sur le lac avait altéré ma santé, mais
encore plus celle de mon ami Georges.

Notre navire entra bientôt dans le canal des Dardanelles,
anciennement Hellespont : plusieurs vaisseaux de guerre le
remontaient. Le pilote s'approcha de la côte d'Asie sous les
feux d'un des deux châteaux-forts bâtis par Mahomet II.
Je pus examiner la formidable batterie; l'autre château est
également bien fortifié, il est sur la côte d'Europe. On les
appelle la clef de la mer Noire, c'est-à-dire de Constantinople. Malgré ces redoutables forteresses, Mahomet IV
(1610) crut devoir rendre le passage du canal encore plus
formidable : il fit construire deux autres châteaux à l'embouchure du canal. Ces défenses, confiées à des soldats
français, rendraient impossible toute attaque contre Constantinople.

Le navire filait à plaisir, et du pont, la lorgnette à la main, je pouvais admirer les magnifiques côtes de l'Asie, et les souvenirs de mes lectures s'éveillaient dans ma mémoire; combien les souvenirs ont de puissance sur l'âme! J'étais véritablement en esprit dans un passé si riche en événements qui laissent des traces dans l'histoire... tout se déroulait encore sous les yeux de mon imagination, et j'oubliais que j'étais un des enfants de cette Gaule encore demi-barbare lorsque ces événements s'accomplissaient en Asie.

Tout-à-coup la rapidité de notre marche se ralentit, et nous éprouvâmes un fort coup de tangage : c'est que nous quittions le canal pour entrer dans le bras de mer qui sépare Lemnos de la Troade; Lemnos avec ses forges de Vulcain, dans cette mer qui porte le nom et qui rappelle le vieil Egée; Lemnos d'où Miltiade chassa les antiques Pelasges, où Philoctète fut abandonné par les Grecs, après avoir été blessé par une flèche empoisonnée.

C'est que, dès avant la guerre de Troie, Lemnos avait la réputation de produire une certaine terre qui guérissait les blessures faites avec des armes empoisonnées.

La terre de Lemnos jouit encore de cette réputation, on la dit même souveraine contre la peste. Il faudrait emporter l'île tout entière à Constantinople. En vérité! Mais si l'homme peut élever des pyramides qui ont bravé les ravages des siècles et des Barbares, plus rapides destructeurs que les siècles; si l'homme a pu bâtir des monuments dont les débris effraient encore l'imagination, creuser des murs intérieurs (le lac Mœris en Egypte). jeter des môles qui pouvaient résister aux fureurs de la mer. il ne lui a pas été donné d'arracher de leurs racines les îles que la main de

Dieu a fait surgir des abîmes des mers... Il voit partout son impuissance malgré les merveilles qu'il peut enfanter.

J'avais à ma gauche les rivages de la Troade, les lieux où s'élevèrent les murs de la ville de Priam, où combattirent Hector, pour défendre sa patrie, Achille et tant d'autres guerriers pour l'envahir, la détruire de fond en comble... Troie, qui vit tant de combats, une résistance et une attaque si opiniâtre, où la Grèce encore sauvage engagea le grand duel entre l'Europe et l'Asie, depuis longtemps assise dans la splendeur de ses empires. Les souvenirs m'assaillaient ; puis, quand je revins à mon sang-froid, quand je réfléchis au peu d'étendue de pays où ces événements se passaient, au peu de forces armées qui lutttaient dans les plaines de la Troade, sur les bords du Scamandre et du Simaïs, je me dis : L'Europe a fourni cent épisodes plus grands, plus lamentables, qui sont presque ignorés. Les dernières guerres de l'empire, qui allaient ébranlant l'Europe entière, furent des guerres de géants, comparées au siége de Troie... Et cependant ce siége, après plus de trois mille ans, est encore raconté dans nos écoles, cité par les écrivains de toutes les nations. Le génie est plus impérissable que toutes les conquêtes. Il imprime son sceau, non dans la mémoire d'une génération, mais dans la succession des générations. Homère a fait ce que pas un poète, pas même Virgile n'a fait.

Je te salue, terre célèbre entre toutes les terres... Tu n'es plus aujourd'hui qu'une terre presque déserte. La barbarie des conquérants abattit les splendeurs ; la barbarie des Turcs t'a jetée dans le royaume de la solitude...

Lamentabile regnum Priami, lamentable royaume de Priam, tu étais destiné à devenir le jouet, la proie des oppresseurs. C'est donc là l'usage que font les hommes du magnifique héritage que Dieu avait légué à ses enfants !

Les souvenirs de Troie me rendirent indifférent à l'aspect des îles qui passaient sous nos yeux.. Cependant il y avait encore bien des souvenirs à évoquer, bien des sensations à glaner...

Qu'on me permette donc de les passer sous silence, de doubler l'île de Mételin sans demander son existence passée et présente à l'histoire, et d'entrer dans le petit golfe de Smyrne, lieu de destination de notre navire.

Je n'aurai à raconter ni naufrage, ni combat, ni poursuite de pirates grecs, ni même d'avaries, quoique nous traversions une mer dangereuse et semée d'écueils.

Le rétablissement du royaume de Grèce a presque purgé de pirates les mers de l'Archipel ; la guerre de Crimée couvrait les mers de trop de forces navales pour avoir à craindre leur apparition, et enfin notre capitaine et notre pilote connaissaient trop bien ces parages pour ne pas nous conduire à bon port.

V

SMYRNE.

Dès que nous fûmes entrés dans le port, nous nous perdîmes à travers une multitude de navires de toutes les nations, et nous allâmes enfin jeter l'ancre sur un bon fond, à quelques eucâblures de deux vaisseaux égyptiens. La vue de Smyrne du côté de la mer est véritablement admirable. Les quais sont bordés de magnifiques maisons, au devant desquelles s'élèvent des terrasses ombragées de fleurs et de plantes rares. L'intérieur de la ville, tout en conservant une physionomie orientale, a quelque chose des villes européennes, et est, sans contredit, une des plus belles villes de l'Orient. Le concours est grand dans les rues, sur les places publiques et dans les bazars : les Turcs, les Arméniens, les Grecs et les Francs y mêlent leurs costumes, leurs bagages, et la diversité de leurs mœurs, qui se traduit par leur allure, leur tenue, et ce je ne sais quoi qui est le cachet particulier de chaque nation. Le commerce qui s'y fait est immense; c'est la première et la plus importante échelle du Levant. Les bazars y sont nombreux et bâtis magnifiquement; des caravansérails vastes reçoivent les caravanes qui arrivent de toutes les parties de l'Orient. Ils apportent le coton filé, le fin duvet des chèvres d'Angora, des pierreries, des tapis de Perse, en un mot toutes les marchandises qui font un objet de commerce entre l'Europe et l'Orient. Smyrne, située dans une plaine très fertile, arrosée par le Melès, sur les bords duquel naquit, dit-on, le chantre de Troie, a élevé un temple magnifique à ce divin génie. La statue d'Homère brille dans ce temple... Elle dut sa fondation aux Ephésiens, fut détruite par les Lydiens, et ensuite rebâtie par Antigone et Lysimaque, mais sur un emplacement différent. Ce serait un séjour délicieux et le plus propre à distraire l'esprit des occupations d'une vie trop appliquée, si elle n'était pas sujette aux tremblements de terre et au terrible fléau dont Constantinople est le foyer : à la peste. On voit sur une colline voisine les ruines d'un ancien châ-

teau et des murs qui entouraient la ville, avant sa destruction par un tremblement de terre, le 3 juillet 1778. Elle
est aujourd'hui à une lieue de la mer.

Je passais mon temps à flâner à travers les flots de peuples et d'étrangers qui circulaient dans les belles et larges
rues de cette opulente cité, qui ne compte pas moins de
cent vingt mille habitants et un tiers peut-être ou plus de
population flottante, m'arrêtant devant les boutiques bâties
en voûte, et devant les bazars où j'admirais avec quel
empressement entraient et sortaient les marchands. Souvent je m'arrêtais aussi à suivre des yeux les caravanes qui
arrivaient de tous les points où aboutissaient les routes de
l'Orient, et je m'étonnais que ce frottement continuel de
tant de nations diverses n'eût pas amené une fusion de
mœurs, de langage... Mais en naissant, l'homme reçoit
comme un sceau de sa nation, et ce sceau est presque inal-
térable, surtout en Orient.

Pendant que je m'occupais ainsi, Georges, beaucoup
plus positif que moi, et songeant à son voyage en Palestine, car il commençait à s'ennuyer à Smyrne, malgré
la beauté de ses raisins et les vivres de toute espèce et
de bonne qualité qui y abondaient, Georges avait
trouvé un navire en destination pour Alexandrette et
chargé de marchandises pour Alep, ville de la Syrie
dont Alexandrette est véritablement le port.

Enchanté de cette découverte, Georges se hâta de
faire les préparatifs du départ; je me reposais sur mon
actif compagnon et je profitais d'une occasion qui ne se
présenterait probablement plus d'étudier les nations de
l'Orient. Je connus plus tard que les marchands ne représentent point leurs nations, et qu'ils sont tous mus par
un même mobile, le mobile du lucre. *Auri sacra fames.*

Nous étions logés chez un Grec fort riche, quoiqu'il eût été deux fois ruiné ; la première fois par l'avidité des Turcs qui pressuraient encore la Grèce ; il s'était expatrié et avait retrouvé la fortune à Smyrne, quand le dernier tremblement de terre ensevelit la plus grande partie de ses richesses... Un voyage heureux en Perse, et le commerce des pierreries rétablirent sa fortune. Quoique Grec, il était hospitalier et loyal. Il nous donna des lettres de recommandation pour Alep, et les renseignements qu'il voulut bien ajouter nous furent très utiles dans la Syrie. J'avais fait dans une de mes courses dans la ville de Smyrne la rencontre d'un religieux italien qui avait visité les Saints-Lieux ; il eut l'obligeance de nous donner aussi des lettres de recommandation pour les pères gardiens du Saint-Sépulcre ; ainsi nous partions avec l'espoir de trouver des points d'appui au lieu de notre destination.

Georges avait négocié une forte somme sur la maison de sa famille. Nous avions donc le *vade-mecum* le plus nécessaire aux voyageurs.

....

VI

LA SYRIE. — LA MER MORTE.

Après avoir doublé la péninsule qui forme au sud un des côtés de la baie de Smyrne, nous allions entrer dans le grand canal qui la sépare de l'île de Scio, quand nous re-

cûmes plusieurs coups de vents si vifs, si précipités, que
nous fûmes poussés sur la côte de Scio, où peu s'en fallut
que nous échouassions. Notre navire, en labourant des bas-
fonds semés d'écueils, fit plusieurs voies d'eau : force nous
fut de chercher le port pour y réparer nos avaries.

Je n'eus point à me plaindre de ce retard, car cette île
mérite véritablement d'être visitée.

Dès que je fus à terre je m'en rapportai, comme toujours, à Georges pour ce qui regardait notre matériel et
notre hébergement, et j'allai parcourir la ville. Quoiqu'elle
soit aujourd'hui bien rétablie des dévastations barbares
qu'y commirent les Turcs, en 1822, on me montra encore des débris de leur vandalisme; plus de quarante mille
habitants furent massacrés, parce que cette île avait pris
parti pour les Grecs révoltés; les campagnes furent rava-
gées et dévastées. Ces sauvages sectateurs de Mahomet passèrent comme un incendie, et commirent des cruautés qui
font frémir l'imagination. On eût dit les soldats d'Attila,
le fléau de Dieu. De soixante mille habitants, vingt mille
seulement purent se soustraire à leur férocité.

Scio a quinze lieues de longueur sur sept de largeur. A
l'intérieur de l'île se dressent les sommets dentelés de hautes montagnes, d'où descendent de nombreux ruisseaux;
mais il n'y a pas un cours d'eau qui mérite le nom de rivière. Ces montagnes renferment des marbres rouges, veinés
de bleu, et une belle pierre de taille. L'aspect de l'intérieur de l'île, grâce à l'activité et à l'industrie des habitants, offre de toutes parts des signes de fertilité et de
prospérité : le vin, le miel, la cire, les oranges, les figues,
le coton, s'y recueillent en abondance. On me montra un
petit arbre nommé lentisque, d'où découle à certaines époques de l'année un mastic odoriférant d'un blanc jaunâtre

Il est presque tout destiné au harem du Grand-Seigneur ; on lui reconnaît des propriétés stomachiques, et en même temps c'est un excellent dentifrice. Scio, comme toutes les îles fréquentées de l'Archipel, est exposée à la peste ; ce fléau fit périr quatorze mille habitants, en 1783.

Sur le passage du commerce et des flottes ennemies, Scio éprouva tous les désastres que cette position, en même temps une situation heureuse, fait subir aux malheureux habitants. Les Génois la possédaient, ils en furent chassés par les Turcs en 1595. Les Vénitiens s'en emparèrent en 1694, les Turcs la leur reprirent un an après. Cette malheureuse île n'a conservé de ses premiers possesseurs, les Génois et les Vénitiens, que l'activité pour le commerce et l'industrie.

L'ancienne Chios, jadis capitale de l'île, avait un bon port, un château fortifié, et se trouvait dans une riche plaine. Elle eut un évêché et un archevêché catholiques grecs, et elle jouit d'une grande prospérité.

Les habitants disputent à ceux de Smyrne l'honneur d'avoir donné la naissance au grand poète qui chanta la guerre de Troie... On montre encore, au pied du mont Epos, un rocher en plate-forme, où Homère venait réciter ses vers. Étrange destinée ! Homère vécut pauvre, aveugle, mendia son pain, et trois îles se disputent la gloire de lui avoir donné la naissance.

J'allai m'asseoir sur ce rocher ; il est sur le bord de la mer, et embrasse une étendue qui paraît sans limites. Je lus quelques pages de son poème et le compris comme jamais je ne l'avais compris. Le génie reste dans l'obscurité, les lumières ne sont destinées qu'à rayonner dans l'avenir. J'allai rendre visite au chargé d'affaires français ; ma famil le lui était connue, et par son entremise je pus obtenir des lettres de crédit pour Alexandrette.

Trois jours furent activement employés à la réparation des avaries du navire, et lorsqu'il fallut reprendre la mer, je m'aperçus que Georges rendait encore justice au goût des anciens. Nos outres furent remplies du bon vin de Scio.

Nous allions continuer notre navigation dans un archipel dangereux, le temps n'était pas favorable, et la mer très dure. Le capitaine jugea plus sage de sortir de ce labyrinthe d'îles et d'îlots, et de pointer en mer plus libre. Le trajet s'allongeait ainsi, mais nous y gagnions en sécurité ce que nous eussions perdu en célérité : une navigation plus sûre.

Le capitaine fit diriger le navire vers l'ouest, et nous passâmes en vue de l'île d'Andros, située à l'entrée du golfe d'Athènes. Je saluai de mes regards cette terre qui vit les flottes athéniennes, aux jours de la prospérité de cette brillante et spirituelle cité, et je me réjouis de voir la Grèce libre et soustraite à l'oppression avide des Musulmans. Peu après nous découvrîmes les hautes montagnes de Rhodes brillant des dernières lueurs du jour et couronnées de nuages teints d'un rouge vif et profondément sillonnés de teintes plus sombres.

Plusieurs passagers devaient s'arrêter à Rhodes, où le capitaine se proposait de séjourner quelques jours... Nous attendîmes, en pleine mer, le retour du soleil, n'osant nous hasarder vers la côte sans pilote. Durant la nuit que je passai sur le pont, la clarté qui tombait des étoiles me permettait de distinguer ces masses de montagnes qui se tenaient immobiles, sous un ciel d'une admirable pureté, comme d'immenses géants placés en sentinelles entre le ciel et la terre. Le bruit de la vague contre les flancs du navire, ce je ne sais quel murmure qui s'étend presque insensible sur les flots, durant les ombres de la nuit, me portaient à la rêverie et me remplissaient d'une sensation indéfinissable; sur cette terre qu'embrassent maintenant des flots paisibles, contre laquelle les ouragans et les tempêtes ont déchaîné leur rage durant tant de siècles, se sont passés des événements dignes des pages de l'histoire et de vivre dans la mémoire des hommes... Les Grecs la nommèrent Ophiusa, île des serpents... Elle devint bientôt célèbre par sa fécondité et les hommes illustres qu'elle vit naître.

Cléobule, un des plus sages de la Grèce, y vit le jour, ainsi que les poètes Cléobule et Alexandride .. Sa puissance maritime fut grande et excita l'envie de Poliorcète (preneur de villes), et soutint contre l'armée de ce prince un siége mémorable qu'il fut obligé de lever. Moins heureuse contre les envahisseurs du monde, elle se vit contrainte, mais la dernière, de se soumettre aux Romains; elle ne put être réduite en province de l'empire que sous le règne de Vespasien. Elle était bien déchue de sa grandeur passée, quand les chevaliers de Saint-Jean-de-Jérusalem s'y établirent. Ces braves défenseurs de la foi soutinrent un siége mémorable contre Soliman II et s'y maintinrent malgré tous ses efforts.

En 1522, Soliman-le Grand vint mettre le siége devant Rhodes avec une armée considérable. Écrasés par le nombre, privés de secours extérieurs, la valeur des chevaliers lutta jusqu'aux dernières limites de la résistance et succomba après avoir tué plus de dix mille hommes à l'ennemi.

Ils s'ensevelirent sous les ruines d'une cité qu'ils avaient rendue redoutable aux Musulmans, et qu'on regardait avec raison comme un des plus fermes boulevards de la religion chrétienne.

Elle subit depuis le sort des îles de la Grèce tombées au pouvoir des Turcs... D'environ seize lieues de longueur sur sept de largeur, elle compte à peine aujourd'hui une population de vingt mille âmes. Cependant son climat est délicieux, son sol fertile : mais, quelle terre soumise aux Turcs peut être cultivée de manière à produire les richesses de son sol? Cependant l'exportation en vins, figues et autres fruits est encore très considérable, et cette île pourrait atteindre un haut degré de prospérité si elle était livrée à des populations libres et industrieuses. L'indépendance de la Grèce produira peut-être cet heureux changement.

Nous allâmes coucher à terre chez un Grec assez lettré; il me promit de me servir de cicerone, si nous restions quelques jours.

La ville est grande et belle : elle s'élève en amphithéâtre et est défendue par des châteaux... Les maisons sont en partie désertes, ou ruinées. Les remparts sont encore les mêmes que ceux qu'y élevèrent les chevaliers du Temple de Jérusalem. Les monuments les plus remarquables sont l'église de Saint-Jean, l'ancien palais du grand-maître, et un couvent agréablement situé. Le port est presque comblé et ne peut plus recevoir que de petites barques; il était défendu par plusieurs châteaux. On remarque à son entrée les restes d'une gigantesque statue d'Apollon, nommée colosse de Rhodes. Est il vrai que les vaisseaux ont passé entre l'écartement de ses jambes, qui mesurent soixante-dix coudées de hauteur?

Dans l'antiquité, un tremblement de terre la renversa, et on dit que neuf cents ans après, un Juif qui l'avait achetée chargea sept cents chameaux d'une partie de ses débris.

Les Grecs étaient exclus de Rhodes sous la domination musulmane.

Je tiens ces faits de notre hôte, car le temps, étant devenu très favorable, le capitaine hâta notre départ, et je ne pus que jeter un regard sur cette cité si fameuse autrefois.

Notre navigation fut heureuse jusqu'à l'entrée du golfe d Satalie, où nous éprouvâmes une grande variété dans les vents et eûmes une mer houleuse qui fatiguait beaucoup le vaisseau. Le capitaine craignit un orage, fort dangereux sur ces côtes, et s'éloigna des terres... Nos matelots étaient composés de gens de diverses nations, mais en partie de Grecs; ceux-ci se mirent en prière devant une image de la Vierge, qu'ils nomment Panagia, et les Turcs continuèrent de fumer tranquillement : pour eux tout est fatalité, et ils se contentent de prononcer sentencieusement ces mots : *Cela est écrit*... Le capitaine ne pensa pas de même et força rudement ses matelots de retourner aux manœuvres.

L'orage s'abattit sur les terres, vers les hauteurs du mont Taurus, dont les redans orientaux longent la Caramanie, et notre équipage, passant de la crainte à une joie enfantine, fit entendre des chants joyeux, comme les petits oiseaux lorsque l'orage est passé... Le matelot grec est actif, intelligent, et d'une grande souplesse; le Turc est plus lent, mais je le crois plus solide, plus obstiné. Nous entrâmes à pleines voiles, bon vent arrière, dans le golfe d'Alexandrette, et en atteignîmes le port sans accident.

Il serait difficile de déployer plus d'activité qu'en déploya mon ami Georges, pour faire transporter notre bagage à terre et chercher un gîte hors la vue du port... Je ne veux pas, me dit-il, faire une seconde fois connaissance avec la fièvre... Cette ville est malsaine à cause de ses marais, et les étrangers y sont plus sujets que les habitants, qui, malgré leur acclimatation, sont obligés de se réfugier sur les montagnes durant plusieurs mois de l'année...

N'étant pas plus désireux que Georges de m'exposer à la contagion fiévreuse de cette petite cité, j'oubliai mon habitude de flâneur curieux et l'aidai de mon mieux dans les préparatifs de notre départ pour Alep. Les passagers qui avaient cette ville pour destination se hâtèrent de partir et de quitter un séjour redouté. Nous eûmes donc nombreuse compagnie pour le trajet.

La route d'Alexandrette à Alep est bonne pour une route d'Orient; nous la parcourûmes en trois jours sans autres rencontres que de petites caravanes et des marchands isolés, ce qui me fit croire que les routes étaient assez sûres.

Il était nuit tombante lorsque nous entrâmes dans cette ville, qui fut si longtemps l'entrepôt des marchandises de l'Orient, et nous eûmes peine à trouver une place dans un caravansérail ; il était arrivé beaucoup de caravanes de l'intérieur; mais enfin nous nous casâmes aussi bien qu'on peut se caser dans un caravansérail, où l'on ne trouve que l'espace et des murs nus. Il faut y porter son lit, ses objets pour la cuisine, et ce qui est indispensable à la vie. Je compris combien un ami, un compagnon comme Georges, était précieux en Orient. Nous avions toujours avec nous nos deux zouaves, les deux autres serviteurs étaient restés à Nicée. C'était assez sur mer, mais pour voyager dans l'Asie, il faut un plus nombreux domestique... Georges dénicha (que n'eût-il pas déniché quand il s'agissait des commodités de la vie), il dénicha deux nègres sans emploi, et qui ne savaient que faire d'une liberté qu'un vieux Turc leur avait donnée en mourant.

— Ils nous seront d'autant plus utiles, me dit Georges, qu'ayant toujours été soumis à un maître, et notez que c'était un Musulman, ils trouveront notre service plus doux que la liberté, et se livreront corps et âme; seulement, ajouta-t-il, je crains quelques brouilles avec vos deux diables de Français; durant la traversée, ils ont eu plus d'une fois maille à partir avec les matelots, dont ils se moquaient avec la légèreté badine de votre nation: que de railleries vont sortir de leurs bouches, à la vue de ces faces noires! je vous réponds qu'ils vont les passer en revue de la tête aux pieds, et qu'il faudra que toutes les parties de leur individu y passent l'une après l'autre.

Il réfléchit un instant puis il ajouta :

— J'ai trouvé un moyen de les *accompagnonner*. Laissez-moi faire !

Il n'avait pas besoin de me faire cette recommandation : il faisait toujours ce qu'il voulait. Il appela mes deux zouaves. Mes amis, leur dit il, nous aurons des contrées assez dangereuses à traverser avant d'arriver à Jérusalem, et j'ai augmenté notre nombre : deux hommes de plus sont quatre bras de plus...

— Je comprends, dit le zouave Pierre... Vous avez besoin de plus de serviteurs, car Votre Seigneurie a fait emplète de noir animal...

Il donnait à Georges, qui était généreux, et qui n'attendait pas qu'ils désirassent du vin et des liqueurs, les titres de Milord et de Votre Seigneurie. Georges se laissait faire ces compliments, à la suite desquels se trouvait ordinairement une bouteille de vin...

— Ce sont des gaillards solides, continua Georges, sans avoir l'air de faire attention à la mauvaise plaisanterie du zouave, et à l'occasion ils donneront un vigoureux coup de main.

— Cela suffit, Milord, répondit le zouave ; le camarade

et moi nous habituerons à ces faces noires, mais nous ne leur prêterons jamais nos pipes. Permettez, Milord : ne pourrions-nous pas faire une petite spéculation sur la toison de leurs têtes?... La laine est un peu rude, il est vrai, mais dans ce pays on se débarrasse de tout... Mais attendez, Milord ; que Votre Seigneurie me permette une autre question ; ces moricauds savent-ils manier une carabine? j'en doute... Je me charge de le leur apprendre !...

Plusieurs bouteilles de vin établirent la connaissance entre les nouveaux venus et mes zouaves... Mais il fallut placer les nattes pour la nuit aux deux extrémités de la chambre, ce qui fut facile ; et nous couchâmes, comme me le dit Georges, entre l'Europe et l'Afrique.

Je pus reprendre mes courses de flânerie, suivi d'un de mes noirs, qui connaissait parfaitement la ville.

VII

ALEP. — DÉPART. — AVENTURES

ALEP. l'ancienne Bérée, ou Kalybon, et nommée par les habitants Haleb, fut en partie détruite par le tremblement de terre du 13 août 1822. Sa population, qui s'élevait alors à plus de deux cent mille âmes, perdit plus de quarante-cinq mille habitants ; elle a été rétablie, mais sur une moindre surface, et est aujourd'hui une fort belle ville d'Orient. L'air est sain ; mais les étrangers qui l'habitent quelque temps sont exposés à une maladie qui se termine par un gros bouton, ordinairement au visage : on le nomme bouton d'Alep... Il laisse une cicatrice indélébile.

Sauf ses bazars et ses caravansérails, la ville offre peu de monuments dignes de l'attention des voyageurs. Les environs sont charmants et très pittoresques ; on y cultive un tabac renommé et des pistaches...

Les marchandises de l'Europe pour l'Asie et celles de l'Asie pour l'Europe sont vendues ou échangées dans cette ville, dont le commerce est très considérable. L'affluence des étrangers de toutes les nations a donné aux habitants, d'ailleurs intelligents, plus de civilisation et de politesse qu'aux autres Turcs des parties de l'empire... Il y a des consuls de toutes les nations européennes, une société franque bien remarquable et fort agréable... C'est dans cette ville qu'on inventa un moyen rapide de transporter les lettres. Les pigeons remplacent nos malles-postes d'Europe.

Notre intention était de nous rendre à Jérusalem, en passant pas Damas, puis en côtoyant les montagnes qui bordent la Méditerranée. Bien des lieux célèbres, bien des ruines remarquables se trouveraient sur notre passage ; nous nous proposions de les visiter autant que les circonstances nous le permettraient. Mais ici nous avions à prendre un des deux partis suivants : si nous nous associons à une caravane allant à Damas, il faudrait renoncer à nos explorations et suivre la marche de la caravane. Si nous voyagions isolément, quoique suffisants en nombre pour résister à un nombre double du nôtre, nous ne le serions plus contre une troupe plus nombreuse.

Georges pensait aux sûretés et aux commodités que le voyage en caravane nous offrirait ; moi, j'aurais préféré un voyage isolément. Je cédai aux raisons de Georges, à la condition qu'à la sortie de Damas nous nous séparerions de toute association pour être plus libres de voyager à notre guise.

Les choses ainsi arrêtées, il ne s'agit plus que de faire nos préparatifs. Deux chameaux pour les bagages, l'eau et les autres provisions, et des ânes pour nos serviteurs noirs... Pour nous et les zouaves, il nous fallut quatre chevaux.

Plusieurs caravanes se disposaient à se rendre à Damas ; nous eûmes le malheur d'en choisir une composée en majeure partie de Turcs qui résidaient en cette dernière ville, et nous apprîmes à nos dépens que les habitants de Damas sont les plus fanatiques des Turcs de ces contrées de l'Orient.

Nous étions en tout six hommes parfaitement armés, et capables de se servir de leurs armes, car nos zouaves, ayant entrepris l'éducation militaire de nos deux noirs, leur avaient appris en peu de jours à charger rapidement, et à se servir de la baïonnette-sabre ..

— C'est un charme d'instruire ces gens-là, nous disaient les zouaves ; ils se plient et se replient comme des serpents, et ne font pas plus de cas d'un coup de crosse que d'une chiquenaude...

Nous voilà donc en route avec la caravane de Damas : notre qualité d'Européens nous valut la dernière place dans la marche, et nous arrivions aux puits, aux citernes quand les autres avaient fait boire leurs animaux, après s'être abreuvés eux-mêmes.

Cela ne pouvait nous convenir, et, encore moins à nos zouaves... Ayant appris qu'on devait trouver un puits à environ une lieue en avant, nos deux serviteurs versèrent dans une seule outre toute l'eau qui nous restait. Et, poussant leurs chevaux au galop, sur le flanc droit de la caravane, ils la dépassèrent, arrivèrent au puits, y remplirent leurs outres et firent boire leurs chevaux.

Cependant la caravane arrivait au pas ordinaire, et mes deux zouaves, descendus de cheval, se reposaient sous des nopals, tandis que leurs bêtes broutaient quelques brins d'herbe aux environs.

Le chef de la caravane, vieux Turc à la barbe grise, s'avança vers eux pour leur reprocher d'avoir contrevenu au règlement de la marche. Il s'adressa au bouillant Pierre, qui, ne le comprenant pas, mais jugeant son intention par les gestes, se mit à rire et à imiter les menaces du Turc... Celui-ci dégaîna son cimeterre et le leva sur la tête de Pierre, d'un air menaçant... Le cimeterre vola à dix pas du capitaine étonné, et Pierre, troussant sa moustache, lui dit :

— Allons donc, barbe blanche, fais donc attention que tu menaces un soldat français, et qui plus est, un zouave.

Il y eut rassemblement, vociférations, menaces... Nous entendîmes ces clameurs, et nous doutant que nos zouaves y étaient pour quelque chose, nous poussâmes nos chevaux vers le lieu du tumulte. Nos deux hommes étaient environnés, mais non intimidés...

— Holà ! capitaine, et vous généreux Milord, vous arrivez fort à propos, ces grandes robes et ces têtes en pains de sucre n'ont-ils pas l'air de nous menacer...

Je fendis, avec Georges, la foule qui les entourait ; le cercle s'élargit, et je demandai à mes gens quelle était la cause de tant de bruit.

— La cause, me répondirent mes deux zouaves, mais la dite cause est très simple : des chrétiens ne doivent pas boire après ces chiens, après leurs bêtes... Ce commerce-là ne nous va pas, et ne peut pas convenir à des hommes comme vous...

Je compris et je me tournai vers le chef de la caravane,
à qui je tins un langage que tous les peuples de l'Orient
comprennent bien ; je glissai dans sa manche une pièce d'or.
Il me comprit, calma l'effervescence de ses gens, je ne sais
par quelles raisons : toujours est-il qu'on nous laissa retourner tranquillement à la queue de la caravane, et que chacun s'occupa de soi et de ses chameaux.

Vers le soir nous entrâmes dans un caravansérail assez
étendu pour contenir toute la caravane : mais lorsque nous
nous présentâmes pour entrer, la politesse hospitalière des
Turcs nous ferma la porte au nez...

Entrer de force eût été entreprendre un véritable siège ;
les murs étaient bons et les portes solides ; puis, comment
faire la loi à un nombre d'hommes dix fois plus considérable que le nôtre ? Nous nous retirâmes à l'écart dans une
position que j'eus soin de choisir avantageuse, car je craignais pour la nuit, et nous plantâmes nos tentes et prou-
vâmes à ces gens inhospitaliers que nous pouvions nous
passer de leur caravansérail. Une sentinelle fut placée auprès de notre petit campement, et nous passâmes une nuit
fort paisible.

Continuer la route avec des gens si mal disposés pour
nous, et si supérieurs en nombre, eût été plus que de l'im-
prudence ; aussi nous mîmes-nous en marche avant le lever
du soleil, et prîmes-nous le devant sur la caravane... D'un
lieu élevé, à plus d'une demi-lieue en arrière, nous la vîmes défiler comme une procession de fantômes de toutes
les couleurs, et nous hâtâmes notre marche sur une large
et assez bonne route.

La chaleur devint insupportable ; l'eau suintait à travers
les outres ; nos chevaux s'approchaient pour la lécher...

— Arrêtons-nous, me dit Georges ; je suis en nage dans mes habits...

— Maîtres, nous dit un des nègres en mauvais langage franc, l'eau ne doit pas être loin, les chameaux hument l'air et allongent le pas...

— Marchons, cria résolument Georges ; nos bêtes ne peuvent pas boire du vin...

Le noir ne s'était pas trompé, nous découvrîmes dans une vallée un massif de nopals et d'autres arbres, et nos chameaux prirent le grand trot.

L'eau était belle, abondante et fraîche... Nous fîmes halte, remplîmes nos outres et fîmes rafraîchir quelques gourdes de vin.

Tandis que nous étions à nos occupations, les premiers cavaliers de la caravane parurent à une centaine de pas : notre présence les arrêta subitement... A vos postes, criai-je aux nôtres, nous ne savons pas ce qui peut arriver... Nous fûmes sur-le-champ en selle et nous mîmes lentement en route, la carabine à la main, et l'œil ouvert sur la caravane... La lenteur de notre marche leur prouva, sans doute, que nous délogions volontairement ; ils ne firent rien qui pût nous inspirer de la crainte.

Le pays devenait de plus en plus attrayant, les campagnes mieux cultivées, offrant un aspect d'aisance qui réjouissait les yeux... Le long de la route nous rencontrions des troupes de marchands, des chameaux et des bestiaux de toute espèce; quoique loin encore de l'opulente Damas, nous nous apercevions que nous arrivions au centre de l'activité et de la richesse qui naît de l'industrie et du commerce.

En passant auprès d'un groupe de marchands, un de nos serviteurs noirs poussa une exclamation, sauta à bas de son âne, et courut se jeter dans les bras d'un nègre qui condui-

sait un chameau. Ce nègre était son compatriote, ils avaient
été enlevés le même jour sur les côtes de l'Afrique et
avaient partagé le même sort... l'esclavage...

Notre noir apprit de son compatriote qu'il y avait eu à
Damas un massacre d'Européens et de plusieurs mission-
naires, et qu'à leur départ la ville était encore en fermentation... Les troupes de deux pachas voisins s'avançaient, di-
sait-on, pour rétablir l'ordre, et nous savions comment les
pachas le rétablissent... Il fallut renoncer à visiter Damas,
et prendre une autre direction.

Nous étions alors à quelque distance d'un lieu nommé
Rakka par nos deux serviteurs noirs, qui connaissaient cette
contrée. Pour éviter le voisinage dangereux de Damas,
notre itinéraire devait se rapprocher des bords de la Méditerranée, et suivre le chemin qui conduit d'Alep à Latakié (Antioche) : — il traverse les montagnes qui séparent le
bassin du Koïk de celui de l'Oronte — et ensuite nous
diriger vers l'ouest, gagner Tripoli, puis Acre.

Ce trajet changeait notre itinéraire, il est vrai ; mais la
fermentation qui régnait dans la contrée, la méchanceté
bien connue des habitants du pachalick de Damas, nous
faisaient une nécessité de l'adopter.

Nous voilà donc en route à la recherche du chemin d'Antioche à Latakié. Nos noirs prétendaient bien connaître le
pays, ainsi que je l'ai déjà dit... La route devint inégale,
puis montueuse, puis enfin extrêmement rude. Nos chameaux fatiguaient horriblement, et nous avancions lentement ; il fallut camper dans les montagnes avec la crainte
que la nuit ne se passerait pas tranquillement. L'air devenait très piquant, le ciel sombre et chargé de nuages, un
vent très froid soufflait de l'est-sud-est. Nos tentes furent
dressées, les chameaux déchargés, et nous nous abritâmes

le mieux que nous pûmes, et mîmes nos bêtes à l'abri derrière les tentes.

Assis autour d'un grand feu, nous fîmes honneur aux
provisions dues à la prévoyance de Georges, et nous nous
disposions à prendre un repos dont la fatigue de la journée
nous faisait sentir le besoin, quand un des noirs vint nous
avertir qu'il avait vu briller un grand nombre de feux sur
un plateau, à environ deux milles de nous.

Nous crûmes prudent de masquer le nôtre et de ne point
nous attirer de visite importune, car nous pensâmes tous
que ces feux avaient été allumés par des troupes dirigées
vers Damas, et ces rencontres ne sont nullement à désirer.
A la suite de ces troupes se trouvent toujours quantité de
maraudeurs qu'il est bon d'éviter. La nuit n'amena aucun
accident, et le lendemain, après avoir exploré la contrée,
nous continuâmes notre route à travers les montagnes. Vers
le soir nous eûmes le bonheur d'entrer dans le chemin que
nous cherchions; mais les malheureuses bourgades que nous
trouvâmes ne nous furent d'aucun secours. Le passage de
la troupe du pacha, nous dit-on, avait tout enlevé...

Nos provisions nous suffirent, et nous passâmes la nuit
au milieu de ruines assez considérables. Je ne pus tirer aucun renseignement sur ces ruines. Elles se trouvent à la
gauche du chemin, à une demi-journée d'Antakiéh.

Bientôt nous découvrîmes les hautes montagnes qui environnent cette ville, et un cours d'eau se déroula devant
nous; c'était l'Oronte, qui va se jeter dans un lac au-dessus
d'Antakiéh.

Georges qui, sans doute, s'était déjà renseigné sur les
ressources culinaires d'Antakiéh, me dit, en me montrant
le lac : Vous voyez ces eaux, elles abondent en belles an-
guilles qui ont une excellente réputation!...

La ville nous apparut bientôt enchàssée entre des montagnes, sur les crêtes desquelles je vis des fortifications qui en suivaient les sinuosités... C'étaient les fortifications de la célèbre Antioche, qui servait jadis de résidence aux rois Séleucides de Syrie. Habitée par plusieurs empereurs romains, elle passait, à juste titre, pour un séjour de délices par la beauté de son site, ses jardins magnifiques, les belles eaux de son lac, et enfin par sa fertilité.

Elle soutint des siéges contre les Perses, les Sarrasins et les Croisés. Ces derniers la possédèrent assez longtemps... Elle fut la capitale d'une principauté sous Beaudoin et ses successeurs.

Tant de calamités, les tremblements de terre, la peste, et enfin la domination turque ont fait disparaitre son ancienne splendeur, attestée par des ruines éparses de tous côtés. On peut appeler l'Orient, et en particulier la Syrie, la région des ruines. Ça et là, à travers un amas de toits s'élevaient des colonnes, dont quelques-unes me parurent surmontées de petits dômes. Son étendue ancienne et sa véritable situation sont indiquées par les anciennes fortifications que j'avais déjà découvertes courant le long des montagnes environnantes. Cette ville déchue compte aujourd'hui à peine dix mille âmes. Il ne reste d'assez bien conservés, de tous ses monuments, que ses aqueducs, encore très remarquables.

Nous passâmes sur un pont, puis sous une porte carrée qui fut jadis un arc de triomphe, et nous suivîmes des rues presque désertes, sales et tortueuses, pour nous rendre au caravansérail, presque au centre de la ville.

Nos habits européens excitèrent une vive curiosité : on savait déjà les massacres de Damas, et on crut probablement que nous avions fui de cette ville, et que nous venions nous réfugier à Antakiéh. C'est ce qui nous valut la visite d'un officier subalterne du cadi. Il nous intima assez insolemment l'ordre de nous rendre auprès de son maître. Heureusement que le prudent Maronite, qui avait été si longtemps mon hôte à Constantinople, nous avait obtenu des firmans pour le pèlerinage de Jérusalem; je me rendis à l'ordre du cadi.

C'était un homme âgé, à mine refrognée, qui daigna à peine jeter un regard sur moi.

Je compris que cet arrogant fonctionnaire avait besoin que je lui rappelasse que la France soutenait son maître de ses soldats et de son argent, et que si le trône du sultan était encore debout, il fallait en savoir gré à la France. J'étais offensé, et je le pris d'assez haut pour lui faire sentir que le Français n'est pas un esclave turc. Je n'ôtai pas mon chapeau, ne fis aucune des salutations accoutumées, et prenant mes firmans à la main, je me tournai vers un serviteur, un officier, je ne sais quel était son titre, et lui dis : Présente, de la part d'un officier français, ces firmans à ton maître.

Il parut surpris et hésita, quoiqu'il eût parfaitement compris mon geste impérieux. Je lui répétai mon ordre en arabe... Le cadi fronça le sourcil et donna l'ordre à son subalterne de lui apporter les firmans... A la vue des sceaux, il les porta à son front, à sa bouche, et sur son cœur, puis il en prit lecture. Je crus découvrir, aux changements de ses traits, qu'il était fortement contrarié. Il espérait, probablement, exercer une exaction sur des étrangers; c'est la manière des Turcs en place. Les firmans lui firent sentir qu'il se trompait dans son attente. Mais rien n'est humble comme un fonctionnaire turc humilié. Il se leva de son ottomane, et, après avoir donné les mêmes si-

gnes de respect qu'auparavant aux firmans, il me les rendit
lui-même. et me dit : Vous appartenez à une grande et généreuse nation.

Je le saluai alors selon la manière turque entre égaux,
et me préparais à me retirer, quand il me dit que je lui
ferais honneur de rester et de prendre avec lui le café...

Les préliminaires de notre entrevue ne m'avaient pas
préparé à accepter cet honneur ; cependant je l'acceptai.
On servit sur un plateau des confitures et du café. L'amateur du café doit aller dans le Levant : ce n'est que là que
l'on prend du café avec tous ses arômes.

Je quittai le cadi plus satisfait du dénouement de notre
entrevue que de son début : mais j'oubliai une chose, quand
on reçoit l'honneur de prendre le café avec un cadi turc;
j'oubliai la largessse que l'on fait aux inférieurs de ce
fonctionnaire, et qu'ils partagent avec leur supérieur.
Georges, à qui je détaillai notre entrevue, me dit que j'avais
grandement *péché*. Et pour réparer mon oubli, nous envoyâ-
mes au cadi un cadeau en sucre et en café qui valait vingt
fois les frais que la lecture des firmans et aussi l'espérance
d'un cadeau lui avait fait faire. Le cadi, en vrai Turc, garda
tout pour lui, et les subalternes mécontents faillirent nous
attirer de mauvaises affaires sur les bras. Ils répandirent le
bruit que deux officiers français déguisés visitaient le pays,
on ne sait dans quelles intentions : déjà. plusieurs fois sur
la route, j'avais pu me convaincre que le fanatisme du vieux
parti turc fermentait; que cette fermentation était plus
grande, moins dissimulée, en s'éloignant de la capitale de
l'empire turc, où la présence et le voisinage des armées al-
liées comprimaient son expansion. Les têtes se montèrent,
et, soit que le cadi le connût et voulût l'ignorer, soit qu'il
l'ignorât réellement, le second jour, au matin, il y eut un

rassemblement devant ce qu'ils nommaient le kan, et que nous nommions caravansérail, où nous étions logés.

Nos gens n'étaient pas positivement d'un caractère très endurant. Comprenant leur position critique, ils ne perdirent pas la tête... A quelques pas se trouvait une vieille tour carrée encore assez en bon état, mais déserte. Mes deux zouaves s'y arrêtèrent, puis se plaçant à l'entrée, encombrée de débris, ils croisent la baïonnette et se montrent à leur tour menaçants... Cette démonstration suffit à détourner l'orage.

VIII

DÉPART

Dès que je connus les détails de cette affaire, je me préparai à porter ma plainte au cadi...

Georges et moi, suivis de nos quatre serviteurs, armés jusqu'aux dents, prîmes la direction de la maison de ce magistrat. Je lui exposai l'affaire et demandai réparation de l'outrage fait à des hommes d'une nation alliée au Grand-Seigneur et voyageant sous la sauvegarde de firmans qui devaient les mettre à l'abri de toute insulte de la part des sujets fidèles du Grand-Seigneur.

— La réparation, vous l'aurez, me répondit-il ; et aussitôt il frappa la ville tout entière d'une fort amende. Les fonctionnaires turcs sont admirables pour l'habileté avec laquelle ils profitent de toutes les circonstances pour augmenter les honoraires de leur emploi.

Ainsi notre passage à Antakiéb valut au cadi une somme énorme et bien supérieure à celle qu'il espérait tirer de nous si nous n'avions pas eu de firmans.

Le lendemain, un peu après le lever du soleil, nous traversâmes les rues solitaires d'Antakiéb, presque comme des triomphateurs aux chars solitaires, et probablement maudits d'une population d'esclaves, et bénits du cadi, dont nous avions arrondi la bourse.

Notre voyage, jusqu'à Tripoli, se fit sans accidents; notre succès nous avait donné une attitude si fière que réellement nous imposions à ceux que nous rencontrions sur la route. Nos deux noirs avaient grandi dans notre opinion, mais surtout dans la leur; ils s'approchaient plus hardiment des zouaves, et ceux-ci les appelaient camarades. Nous valions au moins vingt hommes. Notre petite troupe ne paraissait plus composée de maîtres et de serviteurs, mais de camarades dévoués sur lesquels on pouvait compter à la vie et à la mort. C'est une étrange vie qu'une vie aventureuse: les rangs se confondent; la communauté des dangers fait naître la camaraderie...

Le soir de notre arrivée à Tripoli, Georges me fit assister à une de ces excentricités qui ne germent que dans les têtes anglaises... Approchez, dit-il après le repas, à nos serviteurs. Puis s'adressant aux zouaves, il demanda lequel était le plus âgé. C'était le camarade de Pierre... Toi, lui dit-il, tu te nommeras désormais Alexandre. Et toi, mon bravo Pierre, tu te nommeras César... Approchez aussi, enfants de la brûlante Afrique, vous vous êtes montrés braves camarades. Toi, tu seras l'Oreste d'Alexandre, et toi tu seras le Pylade de César. Les deux noirs, qui ne connaissaient pas

même de nom les deux héros antiques, ouvraient démesu-
rément les yeux d'un air ébahi... Pierre, qui lorgnait une
outre déposée dans un coin, jeta son képi en l'air et cria :
Vive Milord... Pierre venait de faire la conquête de l'outre
à demi pleine, et les quatre héros modernes, revêtus de
noms pompeux, oublièrent leur grandeur autour d'une
outre de vin de Scio, en buvant à la santé du généreux
Milord... Il faut bien peu de chose pour payer le dévouement
des hommes.

La ville de Tripoli est sur le bord de la mer; son port
est peu sûr, son climat malsain. Elle a un vieux château
dont on attribue la construction aux Sarrasins. Ses environs,
plantés de mûriers, nourrissent une grande quantité de vers
à soie. L'industrie des habitants est peu développée, cependant on y fabrique du Damas et des mouchoirs de soie. Le
reste du commerce est peu étendu : il consiste en cire et en
éponges, qu'ils tirent de la Méditerranée.

Cette ville, qui compte environ quinze mille âmes, est
la capitale d'un pachalik du même nom, relevant aujour-
d'hui de celui de Damas. Je n'y vis rien de remarquable en
fait de monuments ou de ruines.

Pour nous mettre à l'abri de toute nouvelle avanie, j'allai
au consulat de France. Le consul était absent. Son secré-
taire eut l'obligeance de se charger de remplir toutes les
formalités, relativement à nos firmans, et nous conseilla de
ne pas faire un long séjour, parce que les troubles de Damas
pouvaient s'étendre dans toute la Syrie, qu'il nous dit être
fort agitée...

Mon opinion, qui n'est que celle d'un simple voyageur,
est que l'empire turc se disloque, et que les réformes si
justes, tentées par le sultan actuel, pourraient fort bien
amener une révolution, s'il se trouve, à la tête d'un des

grands pachaliks, un homme ambitieux capable de profiter du mouvement que le fanatisme turc produira tôt ou tard.

Nous allions traverser des contrées où le Liban étendait ses ramifications; les routes étaient, dit-on, mauvaises et peu sûres. Quelques pèlerins sollicitèrent la faveur de se mettre sous notre sauvegarde. Nous les accueillîmes d'autant plus volontiers que le but de leur pèlerinage étant le même que le nôtre, leur nombre rendrait notre petite caravane plus respectable; ils étaient au nombre de seize, dont plusieurs fort âgés.

Cependant une circonstance trop engageante pour ne pas changer notre itinéraire, nous fit renoncer à la compagnie de ces pauvres pèlerins... Georges fit la rencontre de deux riches Anglais qui se proposaient d'aller visiter les ruines de Baalbeck (Baal signifie soleil), ruines que l'on nomme aussi Héliopolis (ville du soleil). Ces voyageurs avaient une suite nombreuse, et voulaient ensuite descendre vers la Palestine, puis prendre la mer, à Jaffa... Ils avaient parcouru une partie de l'Asie et racontaient des merveilles de leurs voyages. La partie fut engagée et nous fûmes accueillis comme des amis. Le départ fut fixé au lendemain.

Les montagnes qui s'étendent entre le bassin de l'Oronte et la mer, prolongent leurs ramifications jusqu'aux pieds de l'anti-Liban.

Ces montagnes furent nommées par les anciens Monts-Cassins; entre ces dernières montagnes et celles qui suivent un cours parallèle au leur, et qui sont les chaînes de l'anti-Liban, s'ouvre la profonde vallée de Bécaa... Ici nous allons citer les voyageurs, car il est impossible de mieux décrire ces lieux que ne l'ont fait les voyageurs modernes Maundrell, Laroque, Volney et Burckardt. Nous n'avions pas en notre possession d'autres *Voyages en Orient*.

« La vallée de Bécaa est l'ancienne Cœla-Syrie, ou Syrie
» creuse proprement dite. Sa disposition en encaissement
» profond, en y rassemblant les eaux des montagnes, en a
» fait de tous temps un des plus fertiles cantons de la Sy-
» rie : mais aussi, en y concentrant les rayons du soleil, elle
» y produit en été une chaleur qui ne le cède pas même à
» celle de l'Egypte. L'air cependant n'y est pas malsain,
» sans doute parce qu'il est sans cesse renouvelé par le vent
» du nord, et que les eaux sont vives et non stagnantes.
» L'on y dort impunément sur les terrasses. Avant le trem-
» blement de terre de 1759, tout ce pays était couvert de
» villages et de cultures aux mains des Motoualis, mais les
» ravages que les guerres des Turcs y ont fait succéder, ont
» presque tout détruit. »

Tandis que je lisais cette citation, notre caravane repre-
nait sa marche et s'évanouit rapidement vers les ruines de
Baalbeck...

La nuit régnait déjà ; quand nous arrivâmes auprès, il
fallut camper et attendre le jour ; je laissai, comme à l'ordinaire, ce soin à Georges, et je m'avançai jusque sur les
premières ruines, et m'assis sur une grosse colonne renversée.

Tout-à-coup les sons plaintifs du cor retentirent derrière
moi. C'était le signal du repas du soir donné par mes compagnons les Anglais...

J'ai entendu les musiques des armées de mon pays ; dans
les déserts de l'Afrique, je les ai entendues jetant leurs éclats
belliqueux, sur les flots de la mer Noire, sur les rives de la
Crimée, à l'instant du débarquement ; mais l'effet qu'elles
produisaient sur mes nerfs ne ressemblait point aux sons
plaintifs de ce seul cor. Il me sembla que le génie de la solitude s'éveillait et pleurait sur la ville détruite. L'illusion

fut si complète que les sons, en traversant les airs, et allant mourir à travers les colonnes, me firent l'effet de sanglots, auxquels d'autres sanglots répondraient du milieu de la confusion des colonnes et des débris. J'écoutais, j'écoutais, et des échos, semblables à des gémissements étouffés, parvenaient à peine à mes oreilles; mais je les distinguais des sons plus puissants qui roulaient aux faîtes des colonnes; cette véritable hallucination dura tout le temps que le cor retentit. Le silence, le calme profond qui m'environna, me rendit à moi-même, et mes regards se dirigèrent vers les ruines.

Devant moi à ma gauche, s'élevait une enfilade de colonnes; l'ombre, quoique transparente, me les faisait voir d'une hauteur prodigieuse : à ma droite un monument, soutenu aussi par de gigantesques colonnes, et formant un carré. Les ombres qui se dressaient entre ces colonnes leur donnaient l'apparence de grands fantômes enveloppés de linceuls noirs. Dans le lointain des colonnes, tantôt isolées, tantôt groupées, comme soutenant des édifices, se dessinaient dans le ciel d'un bleu pur et limpide.

Ces lieux, aujourd'hui sous le silence de la solitude, furent choisis par le plus grand et le plus puissant roi d'Israël pour point de ralliement entre l'Europe et toutes les parties de l'Asie... Ils étaient déserts, ombragés par des palmiers. Salomon y jeta les fondements d'une ville qui, grâce à ses deux sources, et à la chute successive des grandes métropoles de l'Asie, parvint au plus haut point de prospérité et de grandeur; par toutes ses portes entraient et sortaient de nombreuses caravanes, qui traversaient les déserts pour aller porter à l'Europe les riches produits de l'Asie, et à l'Asie ceux de l'Europe encore inculte.

Sous l'empire des Perses, puis sous les successeurs d'Alexandre, Baalbeck acquit son plus haut degré de développement, qui se continua du temps des Parthes et des Romains. Ce fut à ces époques qu'elle éleva ces prodigieux monuments qui étonnent et épouvantent l'imagination dans leurs ruines. Elle était la capitale d'un royaume et acquit, sous le règne d'Odenat et de Zénobie, une telle splendeur, une telle puissance, qu'elle osa se mesurer avec les dévastateurs du monde, les Romains.

Aurélien s'en empara et la saccagea ; elle fut restaurée et fortifiée par Justinien. Les guerres continuelles de ces contrées commencèrent une seconde fois sa ruine. Le courant du commerce se dirigea sur Alep et Damas, et Baalbeck, 'ou Palmyre, tomba dans l'oubli, se vit abandonnée de ses habitants les plus industrieux, et enfin devint ce qu'elle est aujourd'hui, une misérable bourgade, habitée par une centaine de familles de Bédouins, fort peu hospitaliers et dangereux pour les voyageurs.

Je venais de repasser ce sommaire historique de la ville dont le cadavre était devant mes yeux, et je me demandais comment, après tant de bruit, cette ville se trouvait endormie dans un si profond silence qu'elle avait été longtemps ignorée des Européens voyageurs.

J'éveillai le passé, il me mit sous les yeux cette ville dans sa splendeur ; ses rues regorgeant d'une population active, ses temples, ses monuments de l'art, de l'industrie... Là, me disais-je, des millions d'hommes ont senti, pensé, travaillé, et se sont mêlés à tous les peuples commerçants du monde connu. Quels flots de vie, d'activité rayonnaient de cette cité. Que de passions bonnes et mauvaises y ont bouillonné, y ont fait explosion. Il y avait surabondance de vie ; elle s'épanchait au-dehors par le commerce. Et dans ces mêmes lieux, le silence du désert, la désolation des désola-

tions régnant presque ignorée. La vie de l'homme est courte,
mais les générations succèdent aux générations, et les enfants accomplissent les œuvres entreprises par leurs pères...,
Pensée humiliante pour l'orgueil humain : les ouvrages des
hommes, quoique périssables, survivent à ceux qui les ont
élevés, cimentés de leurs sueurs, souvent baignés de leurs
larmes, et les voyageurs des âges à venir contemplent ces
ruines sans connaître, sans s'informer des noms de ceux qui
élevèrent ces monuments détruits.

Vanitas vanitatum et omnia vanitas. Les œuvres de Dieu
seul survivent et disent à l'orgueil de l'homme : Poussière,
tu rentreras dans la poussière.

Le matin, au point du jour, lorsque le cor anglais éveilla
la caravane endormie, je me trouvai le premier prêt pour
nous rendre aux ruines. Mon esprit était singulièrement
préparé pour cette visite.

Dès l'abord, les Anglais se dispersèrent par groupes, recueillant des morceaux de colonnes, brisant à coups de
marteau des bas-reliefs, de magnifiques œuvres de sculpture. Pour échapper à la vue de ce spectacle de vandalisme,
je me dirigeai vers les magnifiques temples du soleil ; des
colonnades colossales l'environnent ; une immense enceinte
carrée forme un portique intérieur ; quatre énormes colonnes de granit s'élèvent au centre de l'avenue qui forme une
colonnade de plus d'un mille de longueur.

À peu de distance s'élevaient les restes d'un arc de
triomphe, dont la majeure partie était assez bien conservée...
Puis des tours carrées à plusieurs étages, ayant servi de
tombeaux : elles sont en marbre, sans ornements à l'extérieur, mais enrichies de colonnes et de sculptures à l'intérieur. Aux alentours, c'était un océan de ruines de toutes
hauteurs, de toutes formes, et offrant l'image du chaos d'une

grande et opulente cité. Ni la Grèce, ni l'Italie n'ont rien
laissé qui soit comparable à la magnificence des ruines de
Baalbeck.

Ceux de nos gens que nous avions laissés à la garde des
bagages firent entendre les sons du cor ; chacun de nous
retourna en hâte à notre campement. Nous apprîmes qu'une
grande quantité de Bédouins se trouvaient réunis derrière
un rideau de noyers, sans aucun doute pour profiter de
notre dispersion dans les ruines, afin de piller notre campement, qu'ils croyaient sans gardes. Notre retour dispersa
ces sauvages habitants du désert. Mais nous jugeâmes prudent de n'aller aux ruines qu'avec la moitié de nos gens.

Alors la tactique des Bédouins fut changée : un gros parti
se répandit derrière les colonnes et les débris, épiant les
curieux qui se trouveraient isolés. Pour éviter l'effusion du
sang, nous revînmes au campement avec l'intention de le
transporter dans l'enceinte du temple du soleil, et d'aller
visiter les ruines en forces.

Toute cette combinaison, assez bien conçue, échoua le
lendemain. Les Bédouins avaient, pendant la nuit, appelé
d'autres tribus ; les environs de notre camp se trouvèrent
inondés de ces barbares, qui croyaient que nous étions venus enlever des trésors enfouis par Salomon.

Les choses prenaient un caractère très sérieux ; ce n'est
pas que nous redoutassions ces sauvages, mais nous voulions
éviter l'effusion du sang. Il fut donc arrêté que nous avan-
cerions au trot à travers les ruines. et que nous reviendrions
le long de l'enceinte, escortés de flanqueurs.

Cette détermination, qui nous parut à tous fort sage, ne
fit qu'augmenter la cupidité et la rage des Bédouins ; ils
crurent que nos premières excursions nous avaient fait découvrir les lieux où les trésors étaient enfouis, et que nous

nous y transportions avec nos bêtes de somme, afin de les
enlever plus facilement.

La journée se passa en alertes continuelles; et quand
vint le soir, nous étions tous rendus de fatigue. Pour surcroît de malheur, nous nous trouvions éloignés des sources
où nous puisions l'eau pour nous et pour nos bêtes. Il fallut tirailler pour en aller chercher, et tirailler pour la rapporter au campement. Fatiguée de cette lutte incessante, la
caravane quitta les ruines mal observées et prit la direction
de la Palestine, à travers les chemins les plus horribles que
j'aie parcourus de ma vie. Les Bédouins cessèrent de nous
harceler dès que nous côtoyâmes l'anti-Liban.

Nous traversâmes des déserts affreux, sans eaux, presque sans arbrisseaux; le troisième jour nous découvrîmes,
à l'aide de la lorgnette, à l'est, les montagnes pelées de
l'Arabie, et au sud-sud ouest celles de la Palestine proprement dite. Encore quelques monts escarpés franchis, et
nous descendions dans la plaine aride et nue qui côtoie d'un
côté la mer Morte.

Voyager dans ces contrees, et même dans toute l'Asie,
c'est voyager de ruines en ruines, au milieu de la désolation des grandeurs du passé; c'est pour ainsi dire assister
aux derniers moments d'un monde et d'une race qui expi-
rent. Voici la mer Morte; je laisse parler plus éloquent
que moi.

IX

SUPPOSITIONS SUR LA MER MORTE. — JÉRUSALEM.

« Le fameux lac, dit Châteaubriand, qui occupe l'emplacement de Sodome ou de Gomorrhe, est nommé mer Morte ou mer salée dans l'Écriture ; Asphaltite par les Grecs et les Latins ; Almothana et Bakarloth par les Arabes ; Ulac-Deguisi par les Turcs. Je ne puis partager le sentiment de ceux qui supposent que la mer Morte n'est pas un cratère d'un volcan éteint. J'ai vu le Vésuve, la Solfatare, le mont Nuove dans le lac Fusin, le pic des Açores, le Mametife vis-à-vis de Carthage, et les volcans éteints d'Auvergne. J'ai partout remarqué le même caractère : c'est-à-dire des montagnes creusées en entonnoir, des laves et des cendres où l'action du feu ne peut se méconnaître. La mer Morte, au contraire, est un lac fort long, courbé en arc, enchâssé entre deux chaînes de montagnes qui n'ont entre elles aucune cohérence de forme, aucune homogénéité de sol. Elles ne se rejoignent point aux extrémités du lac ; elles continuent d'un côté à border la vallée du Jourdain en se rapprochant vers le nord jusqu'au lac de Tibériade, et de l'autre, en s'écartant, elles vont se perdre dans les sables de l'Yemen. Il est vrai qu'on trouve du bitume, des eaux chaudes et des pierres phosphoriques dans la chaîne des montagnes de l'Arabie ; mais je n'en ai point vu dans la chaîne opposée. D'ailleurs la présence des eaux thermales, des soufres, ne suffit point

pour attester l'existence antérieure d'un volcan. Quant aux
villes abîmées, je m'en tiens au sens de l'Ecriture sans appeler la physique à mon secours. D'ailleurs, en adoptant
l'idée du professeur Michaëlis, la physique peut encore être
admise dans la catastrophe des villes coupables, sans blesser la religion. Sodome était bâtie sur une carrière de bitume, comme on le sait par le témoignage de Moïse et de
Joseph, qui parlent des puits de bitume de la vallée de
Siddim.

« La foudre alluma ce gouffre, et les villes s'enfoncèrent
dans l'incendie souterrain. Malte-Brun conjecture très ingé-
nieusement que Sodome et Gomorrhe pouvaient être bâties
elles-mêmes en pierres bitumineuses et s'être enflammées
du feu du ciel.

» Strabon parle de treize villes englouties dans le lac Asphaltite ; Etienne de Bysance en compte huit : la Genèse en
place cinq. *In valle sylvestri*, Sodome, Gomorrhe, Adama, Séboïm et Bala ou Ségor : mais elle ne marque que les deux
premières comme détruites par la colère de Dieu ; le Deuté-
ronome en cite quatre : « Sodome, Gomorrhe, Adama et
» Séboïm. La Sagesse en compte cinq sans les désigner :
» *Descendente igne in pentapolim.* »

Tandis que nos compagnons faisaient des expériences sur
les eaux de la mer Morte, où les corps descendent ou sur-
nagent en raison de leur pesanteur, je remarquai, comme
l'avait remarqué l'illustre auteur que je viens de citer, de
petits poissons qui se jouaient à quelque distance du bord,
et deux oiseaux de proie qui volaient au-dessus de la mer
Morte en dirigeant leur vol vers les montagnes de l'Arabie.
Je goûtai aussi à l'eau, que je trouvai d'un goût âpre et
amer. Il fallut me retirer dans le campement improvisé sur
le bord du lac, et que nous fûmes obligés de transporter à

une assez grande distance, car il s'éleva du lac une vapeur répandant une odeur insupportable, dans laquelle l'odorat pouvait distinguer celle du soufre et du bitume.

Elle s'étendit lentement sur la surface immobile des eaux, prit de la densité, puis s'abattit sur les rives à une assez grande distance. Dans le lointain d'autres vapeurs montaient sous un ciel brûlant, tournaient sur elles-mêmes, puis se fondaient dans l'air. C'était l'annonce d'un orage. Il ne se fit pas attendre longtemps ; des éclairs successifs sillonnèrent le vaste rideau étendu sur les eaux, et ce fut bientôt une succession si rapide que cette épaisse masse de vapeurs parut tout embrasée. Il me sembla que j'assistais au jour territorial où la colère de Dieu fit pleuvoir le feu sur les villes coupables.

Ces grandes et terribles scènes de la nature font toujours une forte impression sur l'âme ; mais quand elles réveillent des souvenirs comme ceux qui s'éveillent sur les bords de la mer Morte, on se trouve transporté comme dans une autre existence : l'âme est pénétrée d'une terreur indéfinissable, et tremble à l'idée de Celui qui commande à de si puissants agents de ses volontés...

Bientôt, chose assez rare dans cette région, une pluie torrentielle nous assaillit, traversa nos tentes et coula en ruisseaux que le sol aride buvait en peu de temps.

Nos amis les Anglais parurent en avoir assez, et dès que la pluie eut cessé de tomber, ils se disposèrent au départ. Il eût été imprudent de ne pas les suivre, à contre-cœur je m'éloignai des bords de cette mer célèbre ; mais notre nombre était trop petit pour courir les risques de rencontrer des bandes de Bédouins dont nous avions découvert quelques-uns à une grande distance, et qui pouvaient n'être autre chose que des éclaireurs envoyés pour nous observer...

La chaleur du soleil eut bientôt séché nos tentes et nos
habits, et tournant la pointe méridionale de la mer Morte,
nous vînmes camper dans l'ancien territoire des Amor-
rhéens. En traversant ces contrées presque désertes, la vue
d'un sol desséché, aride, tourmenté en tous sens, privé presque partout de végétation et d'arbustes que j'avais retrouvés
dans quelques contrées désertes de la Syrie, il me fut impossible de ne pas reconnaître que la colère de Dieu pesait
encore sur ces malheureuses contrées. Cependant leur
ciel est pur, leur soleil resplendissant, et la terre est encore
la même qui jadis nourrissait des populations nombreuses.
La justice de Dieu les a frappées du plus terrible fléau qui
puisse peser sur les mortels : elle les a frappées par la verge
des Turcs, qui ont achevé ce que les Romains, ces autres
ravageurs, avaient commencé, et la Palestine est devenue ce
qu'on la voit aujourd'hui.

Lorsque nous arrivions dans les environs du mont Carmel,
la fièvre me menait horriblement et je n'avais point de
quinquina. Malgré le soin que Georges avait pris pour rendre ma cage, elle méritait ce nom, souple et élastique, nous
traversions des pays tellement âpres et montueux que la
marche, quoique lente, de mon chameau, me fatiguait af-
freusement. Mais ce qui me fatiguait encore plus que la
fièvre, c'était de passer auprès des lieux célèbres dans l'histoire du christianisme et de ne pouvoir les visiter.

Nous fîmes deux haltes forcées dans les montagnes ; je
ne sais quel accident était arrivé à nos compagnons les Anglais. Il fallut faire halte. Ce repos me fut favorable d'abord ;
mais le matin suivant je fus saisi d'une fièvre de délire et
inquiétai beaucoup mon bon Georges.

Cependant nous avancions vers Jérusalem, où j'espérais
trouver le seul remède à ma maladie, le quinquina, dans

la maison des pères gardiens du Saint-Sépulcre, pour lesquels j'avais des lettres de recommandation.

Nous campâmes près du jardin des Oliviers, et y fîmes séjour; les Anglais voulurent gravir la montagne de ce nom. Il me fut impossible de résister au désir de visiter ces lieux où le Sauveur avait veillé et prié, et je me fis porter par les deux noirs dans le jardin des Oliviers. Les souvenirs, la grandeur, la majesté, la sainteté des scènes qui s'étaient passées en ces lieux agirent puissamment sur mon imagination : j'oubliai ma souffrance; je voulus surmonter la faiblesse de mes jambes; mais, hélas! je retombai dans mon impuissance, et ce fut soutenu par les deux noirs, que je me rendis dans le jardin des Oliviers.

La chaleur était accablante; une sueur abondante inonda bientôt mon corps et mes habits; il fallut me rapporter au campement et me donner de nouveaux vêtements.

La fièvre me reprit avec plus de violence, et ce fut dans l'état le plus déplorable que j'entrai dans la cité sainte. J'envoyai un de mes zouaves porter mes lettres de recommandation au supérieur des Pères. Son habit militaire le mit sans doute à l'abri des avanies, car il alla et revint avec le père supérieur lui-même. Il me fit transporter au couvent par les deux noirs, escorté de mes zouaves, tandis que deux serviteurs amenés par le supérieur conduisaient nos chameaux derrière nous.

Je ne vis rien, je ne sentis que mon mal, en passant dans les rues solitaires de la ville de David et de Salomon. Je n'éprouvai qu'un instant de bonheur : ce fut quand je fus étendu dans le petit lit de ma cellule.

La charité chrétienne est admirable. Quoique je fusse étranger et inconnu aux bons Pères, je me trouvai entouré de tant de soins, de tant d'affections que je me rappelai in-

volontairement l'admirable sœur Marie et l'hôpital de Constantinople. Ainsi, dans des lieux si différents et si éloignés
les uns des autres, le sentiment chrétien venait à mon secours avec la même charité.

Mes bagages et autres affaires ne me laissaient aucune in-
quiétude ; Georges avait refusé l'hospitalité que ses compatriotes lui avaient offerte, et était venu s'installer au couvent, que l'on nomme dans le pays *la Maison des Pères*, et
veillait en frère à tout ce qui m'intéressait.

_ Dès que les fatigues de la route ne se firent plus sentir
et que je fus soumis au traitement intelligent des Pères, la
santé me revint et la fièvre disparut. Mais j'étais encore si
faible qu'il m'eût été impossible de tenter la moindre occasion. Mes zouaves s'en allaient flânant à droite et à gauche,
avec les deux noirs en compagnie, ou mieux comme escorte
de Georges.

— Je ne sais, me disait un jour Georges, à la suite d'une
de ses excursions, ce que vous penserez de Jérusalem, mais
c'est, à mon avis, la ville la plus désolée que j'aie encore
visitée. Tout apparaît empreint du cachet de la réprobation,
et les visages sont flétris par la servitude.

— Ah! mon ami, ajouta-t-il en levant les yeux au ciel, on
oublierait ici de boire et de manger. Mes compatriotes ont
déjà quitté la ville pour en parcourir les environs. Quels
environs! Le sceau de la colère céleste est empreint sur
cette terre, partout où l'on porte ses pas. J'ai besoin de
votre santé et de votre société pour visiter ces lieux.

La Maison des Pères, que l'auteur du *Génie du Christianisme* nomme hospice, est, comme du temps où il fit son
pèlerinage, bâtie sur le port et jouit d'une vue très étendue,
mais elle n'est pas toute bâtie en bois, depuis elle a reçu
quelques agrandissements. Les Turcs se sont montrés moins

oppresseurs que par le passé. Le pacha qui précédait celui qui gouvernaient alors, avait eu beaucoup de tolérance, et quoique le pacha actuel ne fût pas aussi bien disposé, lors de son entrée en fonctions, parce qu'il avait été circonvenu par les catholiques grecs, il ne fut cependant pas oppresseur de la Turquie : d'un autre côté, le père supérieur nous dit que. depuis le commencement de la guerre de Crimée, le pacha s'était montré très bienveillant. Cela nous surprit, nous qui, sur notre route, n'avions trouvé que des populations irritées des changements que le sultan faisait subir aux anciennes coutumes, et qu'elles attribuaient à l'influence des giaours : c'est par ce nom qu'ils désignent les chrétiens...

Lors de notre séjour, l'hospice hébergeait avec une charité d'autant plus admirable qu'il est pauvre, et exposé à beaucoup de dépenses imprévues, cinq pèlerins sans nom et dont l'extérieur décelait une véritable indigence. Ils étaient traités en frères en Jésus-Christ, absolument comme les Pères.

Dès notre entrée à l'hospice. Georges avait, me dit-il ensuite, frissonné à la vue de la simplicité et du dénûment de nos cellules. Avant tout Georges voulait trouver le confort, ainsi que je l'ai déjà fait remarquer plusieurs fois, mais le service de notre table l'avait entièrement réconcilié avec sa modeste cellule, son petit lit, sa table et ses deux chaises. Il ne se lassait point de me répéter que, si le ciel était la récompense des bonnes et charitables actions, de la souffrance endurée avec résignation, les bons Pères devaient y avoir déjà leur place marquée.

Je m'appesantis sur ces petits détails, parce que je crois que le lecteur doit connaître le caractère et les habitudes des personnages pour bien apprécier leurs actions. Je veux aussi faire voir combien la douceur et la charité chrétiennes sont

propres à gagner les cœurs. Georges change singulièrement de manières; il devint moins épilogueur, dirai-je
aussi moins égoïste. Il entrait plus avant dans mes affections,
et, sur la terre étrangère, un ami qui entre dans toutes vos
affections est un autre vous-même et une inépuisable jouis-
sance. Notre première sortie fut fixée au jour suivant : je
l'attendais avec impatience.

Pour bien connaître cette ville, nous dit un des Pères,
avant de la voir en détail, il faut la parcourir dans son ensemble, vous faire une idée de sa position, de ses environs ;
puis quand vous serez sous l'influence de ce qui aura passé
sous vos yeux, vous visiterez son intérieur. Nous suivîmes
son conseil.

Escortés de nos gens, la carabine sur l'épaule et précédés
d'un guide, nous sortîmes du couvent et commençâmes
notre course vers l'ouest, en sortant par les restes de l'ancienne porte de Sion. Longeant, autant qu'il nous fut possible, le pied des anciens murs, nous descendîmes vers le
midi : cette route, nous dit notre guide, qui serpente à
travers ces terres rocailleuses et tourmentées, est l'ancienne
route qui conduit à Bethléem ; au nord nous découvrions
une vallée d'un aspect sombre qui suivait des sinuosités
que l'on avait été obligé de donner aux murailles. Cette
vallée est la vallée de Gehennan ; voici l'élévation où la justice humaine prévenait la justice divine en débarrassant
la terre des malfaiteurs. C'est là qu'ils subissaient la tor-
ture, et, dans les temps les plus reculés, où ils étaient
jetés au feu. De là vient cette menace du divin Sauveur,
en parlant des méchants : *Et mittuntur in Gehennam ignis.*

Partout où j'avais voyagé, on m'avait toujours indiqué
un lieu spécial où l'on exécutait les criminels, mais je n'a-
vais pas éprouvé une impression aussi vive qu'à la vue de

cette vallée, témoin de tant de supplices ; car le peuple juif,
disent les Ecritures, était têtu et méchant, etc.

Cette vallée a la courbure d'un arc à demi tendu ; elle
me parut être une suite de Josaphat, sur le bord de laquelle nous arrivâmes vers le milieu du jour. Je renonce
à la décrire, d'après mes impressions, et cite encore ici le
grand peintre des tableaux de la nature, considérée en Celui qui l'a créée et rachetée. Laissons-le décrire. « L'aspect
» de la vallée de Josaphat et désolé : le côté occidental est
» une haute falaise de craie qui soutient les murs gothiques
» de la ville, au-dessus desquels on aperçoit Jérusalem ; le
» côté oriental est formé par les monts des Oliviers et par
» les montagnes du Scandale, *mons offensionis*... Ces deux
» montagnes qui se touchaient sont presque nues et d'une
» couleur rouge et sombre : sur leurs flancs déserts on
» voit çà et là quelques vignes noires et brûlées, quelques
» bouquets d'oliviers sauvages, des friches couvertes d'hy-
» sope, des chapelles, des oratoires et des couvents en rui-
» nes ; au fond de la vallée on découvre un pont d'une seule
» arche, jeté sur le ravin de Cédron. Les pierres du cime-
» tière des Juifs se montrent comme un amas de débris aux
» pieds de la montagne du Scandale, sous le village arabe
» de Siloau : on a peine à distinguer les masures de ce vil-
» lage des sépulcres dont elles sont environnées. Trois monu-
» ments antiques, les tombeaux de Zacharie, de Josaphat
» et d'Absalon, se font remarquer dans ce champ de des-
» truction : à la tristesse de Jérusalem, d'où il ne s'élève
» aucune fumée, d'où il ne sort aucun bruit, à la solitude
» des montagnes où on n'aperçoit pas un être vivant ; au
» désordre de toutes ces tombes fracassées, brisées, demi-
» ouvertes, ou dirait que la trompette du jugement s'est

» déjà faite entendre et que les morts vont se lever dans la
» vallée de Josaphat. »

En remontant vers la gauche, les murailles rentraient
dans l'intérieur de la ville ; une voûte ronde et entourée de
murs des deux côtés indiquait la fontaine de Siloé ; un retour des murailles vers la vallée aboutissait à la fontaine de
la Vierge, au-dessus de laquelle, en remontant vers le nord,
se trouvent la voie de la Captivité et le pont du Cédron, sur
lequel il faut passer pour aller de la ville au jardin des Oliviers, au-dessus duquel, vers le nord, s'élève le mont de ce
nom. Nous avions, à notre droite et derrière les murailles,
l'espace occupée par l'ancien temple ; un chemin assez
étendu conduisait à travers des rocs et des escarpements à
l'ancienne porte Dorée qui ouvrait en face du temple même.

Continuant de longer ces vieilles murailles gothiques,
qui, malgré leur solidité, s'écroulent çà et là, nous vîmes
une porte assez large ; c'est la porte de Saint-Etienne. Le
lieu de la flagellation, l'arcade de l'*Ecce homo* et le palais
d'Hérode se trouvaient derrière cette partie des murs, ainsi
que la piscine et le palais de Pilate. De ces monuments il
ne reste plus guère que les emplacements ou les débris.

Je remarquai que depuis la voie de la Captivité, la muraille se dirigeait en ligne droite vers le nord, jusqu'à une
grande tour carrée, où elle faisait un angle droit en courant
vers l'ouest. Cette partie des murs est garnie de tours carrées, sous l'une desquelles passe la porte d'Ephraïm. Et
plus loin, dans la même partie des murs, se trouve la porte
de Damas.

Notre guide voulut nous conduire à la grotte de Jérémie,
dont l'espace, dans cet angle droit, formait et forme encore
aujourd'hui un vaste carré, anciennement occupé par le
palais d'Hérode. Mon plan de visite première étant d'em-

brasser le pourtour de la ville, afin de me faire une idée exacte de son assiette et de son étendue, nous n'allâmes point visiter la grotte de Jérémie.

En redescendant vers le midi, nous longeâmes la partie des remparts qui regardent l'ouest, et nous arrivâmes à la porte Judiciaire, presque en face de laquelle s'élève le mont Calvaire. On nomme cette route la Voie douloureuse ; sur le mont Calvaire, notre guide nous indiqua le lieu du Saint Sépulcre. Ce mont domine toute cette partie ouest de la ville et se trouve dans un angle droit et formé par les remparts. Le chemin de Bethléem parcourt, à peu de distance, toute cette partie des remparts du sud au nord. Nous y vîmes, le long de ces remparts, des tours en ruines, des murs croulants et le même aspect désolé.

Enfin, après une journée que je trouvai très fatigante, car j'étais encore bien faible, nous rentrâmes par la porte de Sion et nous nous retirâmes à l'hospice, où nous trouvâmes les Pères alarmés à notre sujet. Ils avaient appris que des chrétiens latins avaient été attaqués et dépouillés dans la journée aux environs de la vallée de Josaphat : ils avaient envoyé aux informations ; leur serviteur n'était pas encore de retour.

Quand nous rentrâmes à l'hospice, notre arrivée les combla de joie. Ils nous invitèrent à nous rendre à la chapelle pour remercier Dieu de la protection qu'il nous avait accordée, puisque le même jour, et presque à la même heure où nous devions visiter cette vallée, nous avions, sans le savoir, échappé aux embûches des brigands.

Lorsque je me trouvai seul dans ma cellule, je me laissai aller aux réflexions que m'avait suggérées notre visite autour des murailles de Jérusalem, et naturellement ces réflexions me jetèrent bien loin dans le passé. Je venais de parcourir

des lieux que souvent les pieds des assiégeants avaient
foulés, qui étaient composés d'un sol arrosé de sang, en-
graissé de cadavres; combien de fois les cris de guerre,
de colère, de fureur, n'avaient-ils pas retenti aux pieds et
sur le faîte de ces murailles? Il me semblait voir s'avancer
les machines de guerre, entendre les coups du bélier qui
ébranlaient, brisaient, broyaient les pierres, et puis les
assiégeants furieux se ruant à travers les brèches, massa-
crant tout ce qui se présentait devant eux. Ville étrange
entre toutes les villes, Jérusalem, dès les premiers temps
de sa fondation, vit la guerre s'allumer contre elle, fut
prise, saccagée, rasée jusqu'au sol, et tous ses habitants
emmenés en captivité. Et comme le phénix, Jérusalem re-
naissait de ses cendres. Les maisons, les monuments s'élevaient sur des sépulcres, la terre qui leur servait de liaison
était pétrie de sang, mélangée d'ossements, de débris à
demi rongés par le temps, et cependant Jérusalem se recons-
truisait, s'embellissait et arrivait à un état florissant.

Le dernier siége soutenu contre les Romains fut peut-être
le plus mémorable, le plus sanglant, le plus opiniâtre de
l'antiquité. Une seule ville arrêta les maîtres du monde; et
encore ses défenseurs, en soutenant les assauts réitérés de
l'ennemi, étaient-ils déchirés par les dissensions intestines.
Prise, mise à sac, rasée, tous ses habitants furent emmenés
et vendus comme esclaves là où avait régné David, où
avait brillé Salomon dans toute sa gloire; il ne resta que
des ruines confuses, capables d'inspirer de l'horreur et de
l'épouvante. Cependant Jérusalem sortit encore de ses cendres; elle revint à la vie pour soutenir de nouvelles luttes,
de nouveaux désastres.

Respectée même par ses nouveaux envahisseurs, elle fut
appelé la ville sainte (el Cool). Mais la main de Dieu pesait

sur cette ville déicide : ses enfants vivaient opprimés dans ses murs, et le croissant flottait sur ses plus hauts monuments. L'orient s'était rué contre elle dans le passé, l'avait vingt fois assiégée, saccagée, détruite de fond en comble ; l'occident se leva à son tour contre elle, et les barbares sortis du nord après avoir ravagé l'Europe, se jetèrent sur ces contrées tant de fois labourées par la main des désastres. En vain l'Europe chrétienne, à des époques postérieures, envoya-t-elle des nuées de soldats, l'élite de ses guerriers, Jérusalem était proscrite dans les desseins de Dieu, et la ville criminelle n'échappa à l'oppression musulmane que pour voir ses maîtres se déchirer entre eux, et retomber derechef sous l'abominable joug musulman. C'est cette Jérusalem que j'habitais, lorsque je faisais ces réflexions, et c'était sous le toit hospitalier des derniers combattants au nom de la foi, de ces héroïques prêtres qui venaient, l'un après l'autre, souffrir et mourir sur la brèche ! Un respect inconcevable s'empara de moi. Ces hommes étaient grands comme les apôtres, patients et héroïques comme les soldats de la Légion Thébaine. Tant de courage, de résignation, une si complète abnégation d'eux-mêmes me frappaient tellement, que j'avais eu besoin de voir ces hautes vertus pour les croire à la portée de l'homme.

Le matin du jour suivant, nous commençâmes notre excursion, en suivant dans l'intérieur des murs la même direction que nous avions suivie autour des mêmes murs. Dans un pâté de maisons tristes et semblables à des sépulcres, et comprises dans un espace qui me sembla presque circulaire, notre guide nous fit remarquer la maison qui s'élevait sur l'emplacement de celle de Caïphe. Elle était construite avec des débris de ruines, et n'avait rien de bien remarquable. Toujours dans cette même confusion de maisons, mais un peu plus au large. s'élevait le Saint-Cénacle. Tout autour, des maisons sans fenêtres, sans bruit : on eût dit une nécropole. En longeant l'intérieur des murs, nous arrivâmes à l'antique tour de Siloé, d'où la vue s'étendait au midi sur la vallée de Gehennan et à l'est sur la sombre et effrayante vallée de Josaphat. Ici les remparts durent s'avancer sur des rochers saillants, dont la crête avait été unie par le travail de l'homme. Notre guide nous dit que, depuis longtemps le chêne royal avait été frappé de la foudre ou abattu par les Turcs. J'ai remarqué que tous les endroits célèbres de cette ville ont donné lieu à plusieurs traditions.

A peu de distance, en remontant vers la fontaine de Siloé, notre guide nous fit prendre à gauche pour nous montrer la grotte de saint Pierre; elle se trouvait en dehors de sa seconde enceinte, et renfermée dans la première. Nous descendîmes à la fontaine de Siloé, et en voyant cette petite quantité d'eau, j'admirai combien les grands souvenirs agrandissent les monuments les plus simples. Une rue descend à cette fontaine; en la remontant nous rentrâmes dans la ville intérieure par la porte Sterguiline. Nous venions de faire le pourtour du midi à l'est de ce qui fut jadis l'antique Sion. A gauche, vers l'ouest, fut la maison de saint Marc; plus bas, vers le midi, celle d'Anne, qui bordait la voie de la Captivité; et vers l'ouest nous visitâmes les restes de l'église Saint-Jacques. Je dis les restes, car elle est au milieu des ruines. Après avoir traversé la voie publique, nous fûmes avertis par notre guide que nous avions sous nos yeux la maison de saint Thomas; cette maison n'existe plus, depuis des siècles, mais la tradition a conservé le souvenir. et la maison qui occupe, selon les opinions, celle de saint Thomas. porte encore le nom de cet apôtre.

Nous rentrâmes dans notre première direction par la

porte ferrée; et, suivant la voie de la Captivité, nous atteignîmes un vaste carré. Là, nous dit notre guide, s'éleva le temple bâti par Salomon ; il occupait ce carré. Nous étions tournés vers le levant. A droite, ajouta-t-il, était le temple de la Présentation , et à gauche la piscine. Voici la porte Dorée, et dans cet angle se trouvait le palais de Pilate. Ce fut ici, dit-il en se découvrant avec respect, que fut condamné le Fils de l'homme; que la Victime fut livrée aux clameurs d'une populace furieuse, et que notre divin Sauveur fut offert au peuple de Jérusalem, avec ces paroles méprisantes : Voilà l'homme... je vous l'abandonne. Ces lieux ne rappellent que de douloureux souvenirs; portez les yeux en avant, c'est le lieu de la flagellation, en vue du palais d'Hérode... La main de Dieu a passé sur tout, ajouta-t-il d'un ton mélancolique.

Nous venions de voir l'antique Jérusalem dans l'ensemble de ses ruines, et nos âmes étaient enveloppées de je ne sais quel voile de tristesse et de douleur. Ce jour devait être funeste pour nous, sans l'intervention des Pères, comme on va le voir.

X

FACHEUSE RENCONTRE.

Nous cheminions lentement le long d'une rue déserte : les deux noirs, qui ne prenaient aucun intérêt à ce qui se passait sous leurs yeux, étaient à quelques pas en avant;

nos zouaves, plus civilisés, nous examinaient avec une attention curieuse, tandis que Georges et moi cherchions à
déchiffrer quelques inscriptions à demi effacés sur une large
pierre, qui composait un dessus de porte...

Tout-à-coup nous entendons des voix menaçantes, et nos
deux noirs se replièrent sur nous avec des signes de frayeur.
Quatre soldats du pacha venaient de déboucher d'une rue
voisine, et avaient proféré contre nos noirs les paroles menaçantes qui nous avaient distraits de l'inscription.

Prompts comme l'éclair, les zouaves se jetèrent entre
les noirs et les soldats turcs, dans une attitude telle qu'ils
s'arrêtèrent soudain : Georges et moi, précédés de notre
guide, accourûmes aussi pour nous informer de la cause de
ce commencement d'altercation. Le guide demande aux
Turcs ce qu'ils veulent à des gens paisibles qui circulent
dans les rues de Jérusalem ; ceux-ci, au lieu de répondre,
tirent leurs sabres, et vont se jeter sur nous, mais ils s'arrêtèrent au bout des baïonnettes de nos zouaves ; un d'eux
voulut frapper celle de Pierre avec son sabre : il s'adressait
mal, le preste zouave fit faire un demi-cercle à sa carabine
et posa la pointe de sa baïonnette sur la poitrine de l'agres-
seur. Georges et moi poussâmes un cri et nous jetâmes en
avant, craignant que le Turc ne fût percé. Les trois autres
soldats firent de leur côté le même mouvement, et nous
nous trouvâmes presque poitrine contre poitrine. « Pas d'effusion de sang, mes amis, criai-je à nos gens. Du sang, dit
froidement Pierre, on ne tue pas ces brutes comme on tue
un brave soldat ; » et, joignant l'action aux paroles, il prit
sa carabine par le canon et donna une telle bourrade avec
la crosse, au soldat qu'il avait devant lui, qu'il le jeta sur
un autre. Il allait recommencer quand je lui saisis le bras
droit et l'attirai à moi.

— Laissez donc, capitaine, me dit-il. Il faut que ces drôles apprennent à connaître les soldats français. Ce mot *français* eut un effet magique. Les Turcs s'arrêtèrent court et se regardèrent. Il est bon de dire aussi que nos deux noirs, revenus de la frayeur servile que leur avait inspirée les turbans, s'étaient glissés le long de la muraille et tenaient nos agresseurs sur les derrières. Cet instant de suspension de lutte fut mis à profit par le guide, qui expliqua aux Turcs la cause de notre promenade dans les rues. Peu à peu le calme se rétablit, et nous nous éloignâmes les uns des autres, non avec des sentiments pacifiques, bien certainement, mais du moins sans avoir poussé plus dangereusement cette lutte imprévue.

— Retirons-nous promptement, nous dit le guide : le Turc n'est arrogant que parce qu'il ne rencontre que des esclaves, mais ces soldats appartiennent à la garde du pacha, et, dès qu'ils auront raconté l'affaire à leur manière, le pacha vous fera bien certainement arrêter. Et la justice n'est pas une vertu de ce malheureux pays. Il avait raison ; aussi regagnâmes-nous en hâte l'hospice.

Quand les Pères eurent appris notre fatale rencontre, ils levèrent les yeux au ciel avec une douloureuse résignation. Je les compris et leur dis : Vous connaissez le pays ; donnez-moi un guide qui nous conduira dans un lieu sûr ; nous ne voulons pas, nous ne devons pas vous mettre en danger...

— Le danger, me répondit le père supérieur, nous avons appris à ne pas le craindre pour nous, mais pour ceux que la Providence confie à notre hospitalité. Le moyen que vous proposez ne nous mettrait à l'abri ni les uns ni les autres.

Il dit quelques mots à l'oreille d'un Père, celui-ci sortit, puis rentra d'un air consterné...

Le père supérieur savait qu'avec de l'argent il calmerait la colère du pacha, mais la caisse du couvent était vide...

— Ce n'est pas cela, dit Georges... Combien le pacha, dans sa justice, fait-il payer un coup de crosse de fusil? Nous allons le satisfaire.

— Gardez vous-en-bien, s'écria le bon Père avec une émotion visible. Il vous ferait arrêter et ne vous relâcherait qu'après avoir tiré de vous une somme énorme. Retirez-vous dans la partie la plus reculée de la maison, et attendez mon retour. C'était à une avanie que ce saint homme courait pour vous l'éviter, et peut-être pis.

La prudence nous commandait cette retraite, et, quoique nous fussions véritablement inquiets, nous ne pûmes nous empêcher de rire, en entendant le zouave Pierre faire ses réflexions... Ah bien! bien, oui, oui, très bien; le joli, le gracieux pays. On arrête les gens qui se défendent légitimement... Mais il faut donc tirer sa cravate et leur dire bien humblement : Egorgez-moi, mes seigneurs. Et c'est pour faire ce sot métier que nous avons ces bonnes carabines. Allons donc, un ancien zouave est toujours un soldat français. Ce n'est pas un agneau qu'un zouave, messieurs les Turcs... Vous en avez déjà un peu tâté.

Ce qu'il y eut de plus plaisant, c'est que nos serviteurs noirs imitèrent le mouvement que Pierre avait fait avec sa carabine, se rangèrent à ses côtés, et lui dirent : Nous sommes là, aussi, capitaine. On a déjà vu que Pierre s'était donné lui-même cette dignité quand il traitait avec les noirs...

Le Père, qui marchait devant, nous sourit et me dit : Le Français est partout le Français; mais le temps des croi-

sades est passé. Il était lui-même Français, et je vis un
éclair de fierté briller dans ses yeux.

— Mon Père, lui dis-je, si le temps des croisades est passé,
celui de la raison est arrivé, et la religion qui enseigne un
dévouement comme le vôtre, qui dit aux hommes : Aimez-
vous les uns aux autres : cette religion poursuit sa sainte
croisade, et vous êtes à l'avant-garde.

Nous entrâmes dans une partie de l'hospice, reculé de
tout bruit, loin de tout regard... Attendez ici, nous dit le
Père en se retirant, le retour du père gardien, et ayez confiance en Dieu. Il se retira, mais je vis avec peine qu'il
portait un front soucieux. Il avait eu le temps de connaître
les maîtres sous lesquels se courbe la Palestine.

Il revint quelque instants après, et nous apporta l'*Itiné-
néraire de Paris à Jérusalem*, en nous disant : Vous avez visité la triste Jérusalem ; votre guide vous a rappelé ses an-
tiquités ; ce livre excellent vous fera connaître la Jérusalem
moderne et vous charmera, en vous édifiant, par les réflexions que lui inspirèrent les saints lieux.

Nous comprîmes fort bien, Georges et moi, que le bon
Père était persuadé que nous ne pourrions pas désormais
visiter en sûreté la ville sainte et ses environs, et qu'il voulait nous en dédommager, en nous mettant sous les yeux
la meilleure et la plus saisissante description qui en ait été
faite.

J'avoue que je n'étais guère dans une disposition d'esprit
propre à cette attachante lecture. Si j'avais des appréhen-
sions pour notre compte, j'en avais aussi et de fondées sur
celui des bons religieux, de qui nous recevions une si tou-
chante hospitalité.

En France, où la loi ne saurait être impunément violée
sans soulever la réprobation publique, on ne saurait com-

prendre jusqu'à quel point l'excitent des fonctionnaires qui agissent avec un arbitraire audacieux, parce qu'il est impuni presque toujours, parce que la plainte peut être étouffée, et parce qu'enfin il n'y a pas d'appel des jugements arbitraires rendus.

Tandis que Georges et moi nous nous communiquions ces tristes réflexions, nos gens de leur côté faisaient les leurs. Le camarade de notre zouave Pierre était moins pétulant, moins prompt à se jeter au-devant du danger, mais c'était ce qu'on nomme vulgairement un homme solide, et ne sachant reculer pas même d'une semelle...

Ils étaient en conférence avec les deux noirs, dont ils avaient monté la pauvre tête, et préparaient une défense énergique. Tandis que Pierre faisait l'inspection des armes et des munitions, son camarade examinait froidement les alentours de notre asile, et calculait les moyens de défense; il nous les communiqua et je fus étonné de la sagacité avec laquelle il avait tout découvert et tout prévu en cas d'attaque de la part des Turcs.

— Tout cela est bien, lui dis-je, mais nous ne voulons pas faire incendier le couvent, et c'est ce que les soldats du pacha ne manqueront pas de faire s'ils viennent nous attaquer, et s'ils trouvent une résistance énergique. Au reste, ajoutai-je en le voyant froncer le sourcil, tenons-nous prêts à faire feu à tout événement, et attendons le retour du Père.

Il ne tarda pas à revenir : il ne nous apportait que de fâcheuses nouvelles. Le pacha était parti la veille pour aller mettre à contributions plusieurs villages situés dans les montagnes, et qui avaient tardé à payer le miri (impôt arbitraire). L'aga, qui était resté à Jérusalem avec les soldats de garde, était furieux; le soldat frappé appartenait à sa famille, et il ne menaçait rien moins que de faire empaler les chiens de Francs qui avaient osé lever la tête dans la Ville-Sainte sans l'autorité de son maître.

Ce ne sont jusqu'ici que des menaces qu'il n'osera mettre à exécution en l'absence du pacha ; mais nous devons croire qu'il rapportera cette fâcheuse rencontre de manière à irriter son maître. Celui-ci, trouvant une bonne occasion de nous soumettre à une exaction, ne la laissera pas échapper ; vos firmans ne vous sauveraient point. Un pacha est presque indépendant, et les témoignages de respect qu'il montre, en recevant les firmans du Grand-Seigneur, ne sont que des témoignages de respect.

Les Pères se réunirent dans notre asile, et nous tînmes conseil sur les dangers présents. Si nos compatriotes, dit Georges, n'étaient pas partis, nous serions assez en force pour nous faire respecter. Le père gardien fit un mouvement de joie, et dit : Ils ne peuvent être encore bien éloignés de Jérusalem, vous pourriez les rejoindre avant que le pacha mît ses soldats à votre poursuite. Je vais savoir quelle direction ils ont prise, et vous partis, le pacha se montrera plus traitable envers nous.

Nous apprîmes bientôt que la caravane anglaise, partie depuis plusieurs jours, se dirigeait vers Saint-Jean-d'Acre, en visitant à droite et à gauche tous les lieux célèbres. Elle ne pouvait donc être bien éloignée de Jérusalem. Nous prîmes nos mesures pour nous soustraire à la colère du pacha, les Pères nous fournirent deux guides dévoués, et nous attendîmes la nuit pour nous mettre en route.

Mais dans le pays de la servitude, tous nos projets devaient être déjoués ! Le pacha était rentré à Jérusalem, après avoir prélevé le miri, comme anciennement Mandrin prélevait un impôt sur les grands chemins : il était content,

sa ceinture était pleine de l'argent extorqué à des villages
de Bethléemites et de pauvres Bédouins, et quand le pacha
était content, le pacha violait la loi de Mahomet, c'est-à-
dire que le pacha se retirait dans un appartement séparé
et s'enivrait bel et bien.

Le père-gardien, qui avait connaissance de cette habitude, nous dit que nous pouvions dormir cette nuit tran-
quilles. Nul n'oserait troubler le pacha dans ses jouissances
cachées. Demain, ajouta-t-il, il sera d'une humeur sauvage;
on ne l'abordera pas, à moins d'être mandé par lui. Vous
pouvez remettre votre départ au surlendemain dans la nuit;
d'ici là nous verrons ce qu'il y a à faire...

Georges, en sa qualité de bon Anglais, a le droit d'être
excentrique; sans me prévenir, sans en parler aux Pères,
il fouilla dans nos bagages, en retira six gourdes de notre
meilleur vin, puis prenant avec lui un des noirs et un tru-
chement, il se rendit au palais du pacha.

Il lui fit dire ces mots seulement, en lui envoyant les
gourdes : « Illustre pacha, un Anglais voyageur désire vi-
» vement avoir un court entretien avec toi. Il attend ta
» réponse. »

La réponse ne se fit pas attendre, et l'excentrique Georges fut introduit devant Sa Hautesse, qui heureusement n'a-
vait pas encore commencé son orgie.

— Chrétien, lui dit le pacha d'un air assez bienveillant,
j'entends un peu l'Anglais, renvoie ton interprète, et dis-
moi ce que tu me veux.

— Je veux, lui répondit l'imperturbable Georges, que
tu me donnes plein pouvoir pour faire traverser dans ton
pachalik quelques chameaux chargés de cette excellente liqueur, que je transporte à Saint-Jean-d'Acre, pour de là
les embarquer pour l'Angleterre, afin de prouver que l'O-

rient est toujours la terre la plus féconde en trésors du ciel. Il voulut, me dit-il plus tard, imiter l'emphase des Orientaux. Le pacha sourit et lui demanda combien il avait de chameaux chargés de cette liqueur, et d'où il l'avait tirée...

— Très illustre pacha, lui répondit Georges, tu honoreras un étranger qui te respecte, si tu veux goûter avec lui de ce vin généreux qui ranimerait un mourant; et tu me diras s'il est digne d'être servi sur les meilleures tables de la puissante Angleterre... Il y eut un instant d'indécision sur le visage du pacha. Georges ajouta : Que j'emporte au moins ce témoignage de ta bonté pour un Anglais voyageur, je ne reviendrai probablement jamais dans ton pachalik, et je voudrais partir le plus tôt possible; mon escorte est prête, j'attends une preuve de ta protection.

Le pacha frappa des mains, un esclave entra. Il lui donna en turc quelques ordres, puis se tournant vers Georges, il lui dit : Ta nation est une grande nation : lors de mon voyage à Paris, je profitai de mes pouvoirs et je traversai le détroit; j'ai vu la grande ville de Londres, c'est comme Paris, une ville qui contient tout une nation.

L'esclave rentra avec des plateaux d'argent chargés de friandises orientales, et l'Anglais et le Turc commencèrent une véritable orgie...

La réputation du pacha était méritée, il trouva le vin bon; Georges se tenait sur ses gardes et buvait le moins qu'il pouvait... Il eut l'adresse d'amener la conversation sur la rencontre dans la rue de Jérusalem, et de faire sentir au pacha que l'insolence et la brutalité de ses esclaves pouvaient le déshonorer aux yeux des étrangers : voyant qu'il avait touché une corde favorable, il eut l'audace de demander réparation de l'outrage qu'il avait reçu.

— Tu l'auras, lui répondit le pacha, dont les yeux flamboyaient déjà des feux de l'ivresse; oui, Anglais, tu l'auras, j'en jure par ma barbe,... Mais dis-moi, combien veux-tu de bourses pour tes charges de chameau?

—Illustre et très magnanime pacha, répondit Georges, je te prie d'accepter comme un hommage de ma haute reconnaissance dix autres gourdes que j'ai encore dans nos bagages. L'hospice des Pères, où nous sommes descendus, ne peut recevoir que peu de pèlerins. Il est pauvre et peu étendu. J'attends mes autres chameaux, et tu fixeras le prix de leur charge... Georges se trouva obligé de faire ce mensonge, me dit-il...

Le pacha lui fit cadeau d'un riche poignard; pour ne pas être en reste avec lui, Georges lui fit hommage d'un excellent revolver à six coups.

Le pacha n'en avait probablement jamais vu; il s'extasia, examina l'arme avec une curiosité enfantine. Il n'y a que les Européens, dit-il, qui puissent trouver de pareilles inventions. Georges eut la bonne foi de lui apprendre que c'était une invention américaine. Le pacha devint soucieux. Tout marche sur la terre, dit-il d'un ton triste; les successeurs de nos grands sultans sont dans la nécessité d'appeler les étrangers pour préserver leurs trônes, eux qui comptent parmi leurs prédécesseurs les hommes qui firent trembler les nations.

Tandis que cette entrevue avait lieu, l'absence de Georges nous avait jetés dans de cruelles inquiétudes. Nous le vîmes revenir escorté de quatre soldats du pacha, qui lui témoignaient le plus grand respect. L'Anglais leur fit largesse et entra triomphant dans l'hospice. Il est impossible d'exprimer mon étonnement et surtout celui des Pères quand nous apprîmes ce qui venait de se passer. Les bons Pères levaient les yeux et les mains au ciel à chaque phrase du récit de

Georges. La joie fut dans l'hospice; le pacha avait juré protection et réparation par sa barbe. Un subalterne turc n'est plus à craindre quand il a été impunément humilié.

....

XI

ÉVÉNEMENTS IMPRÉVUS. — DÉPART.

Le lendemain, nous nous disposions à nous rendre au Saint-Sépulcre, lorsqu'on vint nous avertir que quatre soldats du pacha et un bas officier nous demandaient à la porte d'entrée. Cela nous effraya mal à propos. C'étaient quatre esclaves, déguisés par l'aga en soldats, qui venaient, par ordre du pacha, nous faire réparation de l'attaque dans Jérusalem. Nous avions vu les agresseurs d'assez près pour ne pas reconnaître, sur-le-champ, la ruse que l'amour-propre avait inspirée soit à l'aga, soit au pacha. Esclaves pour esclaves, nous acceptâmes les réparations, et pour nous montrer bons seigneurs, nous donnâmes quelques pièces d'argent à ces pauvres diables...

Un des Pères nous dit, en souriant: Si les vrais agresseurs avaient espéré cette aubaine, il seraient venus avec joie s'humilier. Nous descendîmes vers la vallée du Calvaire, un des Pères nous accompagnait. Les détails qu'il nous donnait le long de la route ne doivent pas trouver place ici : la description de Jérusalem et son historique sont si bien connus de tout lecteur instruit, qu'il serait inutile de

les reproduire. Je ne veux ici que rendre mes sensations, à
la vue de lieux témoins de si merveilleux événements, et
dont on ne peut fouler les ruines sans éprouver un respect
qu'aucun autre lieu de la terre ne saurait inspirer.

Lorsque nous arrivâmes en vue du mont Calvaire, tous
les souvenirs du passé s'éveillèrent en moi : du haut d'une
croix, j'entendais une voix expirante pardonner au larron
repentant, aux aveugles insensés qui avaient demandé le
supplice de l'innocent ; et de cette croix, objet de mépris
pour les contemporains, rayonnait une lumière qui allait
éclairer le monde, l'affranchir de l'esclavage, et ouvrir une
ère dont l'histoire ne pouvait citer la pareille. Je me sen-
tais abîmé dans mes réflexions et n'entendais plus les pieuses
paroles de notre conducteur.

Arrivé dans le monument qui fut l'église du Saint-Sépulcre, que Châteaubriand, le dernier des voyageurs qui. ont
laissé des écrits dit avoir vue, je tombai à genoux et fondis
en larmes. Je me croyais dans un âge où les émotions vont
rarement jusqu'aux larmes : mais un tel saisissement, un
tel respect s'était emparé de mon âme et de mon cœur, que
je ne pus que pleurer. Mes compagnons parurent partager
en quelque sorte mon émotion, Georges surtout ; nous priâ-
mes longtemps en silence, osant à peine respirer, en face
de ce tombeau qui disait la plus merveilleuse histoire que
les oreilles humaines aient jamais entendue.

— « Le Saint-Sépulcre, dit Deshayes (envoyé en 1621 en
Palestine par Louis XIII). et la plupart des Saints-Lieux,
sont servis par des religieux cordeliers qui y sont envoyés
de trois ans en trois ans ; et encore qu'il y en ait de toutes
les nations, ils passent néanmoins tous pour Français ou
Vénitiens, et ne subsistent que parce qu'ils sont sous la protection du roi (de France). Il y a près de soixante ans qu'ils

demeurent hors de la ville, sur le mont Sion, au même lieu où notre Seigneur fit la cène avec ses apôtres. Mais leur église ayant été convertie en mosquée, ils ont toujours demeuré depuis sur le mont Giou, où est leur couvent, que l'on appelle Saint-Sauveur. C'est là où leur gardien demeure avec le corps de la famille, qui pourvoit de religieux en tous les endroits de la Terre-Sainte où il est besoin qu'il y en ait.

» L'église du Saint-Sépulcre n'est loignée de ce couvent que de deux cents pas. Elle comprend le Saint-Sépulcre, le Calvaire et plusieurs autres lieux saints. Ce fut sainte Hélène qui en fit bâtir une partie pour couvrir le Saint-Sépulcre : mais les princes chrétiens qui vinrent après, la firent augmenter pour y comprendre le Calvaire, qui n'est qu'à cinquante pas du Saint-Sépulcre.

» Anciennement le mont Calvaire était hors de la ville, c'était le lieu où l'on exécutait les criminels condamnés à mort ; et afin que tout le peuple pût y assister, il y avait une grande place entre le mont et la muraille de la ville. Le reste du mont était environné de jardins, dont l'un appartenait à Joseph d'Arimathie, disciple secret de Jésus-Christ, et où il avait fait faire un sépulcre pour lui, dans lequel fut mis le corps de notre Seigneur Jésus-Christ. La coutume parmi les Juifs n'était pas d'enterrer les morts comme nous faisons en chrétienté. Chacun, selon ses moyens, faisait pratiquer dans quelque roche une sorte de petit cabinet où l'on mettait les morts, que l'on étendait sur une table du rocher même ; et puis l'on refermait ce lieu avec une pierre que l'on mettait devant la porte, qui n'avait ordinairement que quatre pieds de haut.

» L'église du Saint-Sépulcre est très irrégulière, car l'on s'est assujéti aux lieux que l'on voulait enfermer dedans. Elle est à peu près faite en croix, ayant six-vingt pas de long sans compter la descente de l'invention de la sainte Croix, et soixante-dix de large. Il y a trois dômes, dont celui qui couvre le Saint-Sépulcre sert de nef à l'église.

» Il a trente pas de diamètre et est ouvert par en haut comme la rotonde de Rome. Il est vrai qu'il n'y a point de voûte; la couverture en est soutenue seulement par de grands chevrons de cèdre qui ont été apportés du mont Liban.

» L'on entrait autrefois dans cette église par trois portes; mais aujourd'hui il n'y en a plus qu'une, dont les Turcs gardent soigneusement la clef, de crainte que les pèlerins n'y entrent sans payer les neuf sequins ou trente-six livres à quoi ils sont taxés; j'entends ceux qui viennent de chrétienté, car pour les sujets du Grand Seigneur, ils n'ont que moitié à payer. Cette porte est toujours fermée, il n'y a qu'une petite fenêtre traversée d'un barreau de fer, par où ceux du dehors donnent des vivres à ceux du dedans, lesquels sont de huit nations différentes.

» La première est celle des Latins ou Romains, qui représentent les religieux cordeliers. Ils gardent le Saint-Sépulcre, le lieu du mont Calvaire où notre Seigneur fut attaché à la croix, l'endroit où la sainte Croix fut trouvée, la pierre de l'onction et la chapelle où notre Seigneur apparut à la Vierge après sa résurrection.

» La seconde nation est celle des Grecs, qui ont le chœur de l'église où ils officient, au milieu duquel il y a un petit cercle de marbre, dont ils estiment que le centre est le milieu de la terre.

» La troisième nation est celle des Abyssins : ils tiennent la chapelle où est la colonne d'*impropere*.

» La quatrième nation est celle des Cophtes, qui sont les

chrétiens d'Egypte : ils ont un petit oratoire près le Saint-Sépulcre.

» La cinquième nation est celle des Arméniens : ils ont la chapelle de sainte Hélène, et celle où les habits de notre Seigneur furent partagés et joués.

» La sixième nation est celle des Nestoriens ou Jacobites, qui sont venus de Chaldée ou de Syrie : ils ont une petite chapelle proche le lieu où notre Seigneur apparut à la Madeleine, en forme de jardinier, qui pour cela est appelé le jardin de la Madeleine.

» La septième nation est celle de Géorgiens qui habitent entre la mer Majeure et la mer Caspienne : ils tiennent le lieu du mont Calvaire où fut dressée la croix, et la prison où demeura notre Seigneur, en attendant qu'on eût fait le trou pour la placer.

» La huitième nation est celle des Maronites, qui habitent le mont Liban : ils reconnaissent le Pape comme nous faisons

» Chaque nation, outre ces lieux que tous ceux qui sont dedans peuvent visiter, a encore quelques endroits particuliers dans les voûtes et dans les coins de cette église, qui lui sert de retraite et où elle fait l'office selon son usage, car les prêtres et religieux qui y entrent demeurent d'ordinaire deux mois sans en sortir, jusqu'à ce que, du couvent qu'ils ont dans la ville l'on y envoie d'autres pour servir en leur place. Il serait malaisé d'y rester longtemps sans y être malade, parce qu'il y a fort peu d'air, et que les voûtes et les murailles rendent une fraîcheur assez malsaine : néanmoins nous y trouvâmes un bon ermite qui a pris l'habit de saint François, qui y a demeuré vingt ans sans en sortir; encore qu'il y ait tellement à travailler pour entretenir deux cents

lampes et pour nettoyer et parer tous les lieux saints, qu'il
ne saurait reposer plus de quatre heures par jour.

» En entrant dans l'église on rencontrait la pierre de
l'Onction, sur laquelle le corps de notre Seigneur fut oint de
myrrhe et d'aloës, avant que d'être mis dans le sépulcre.
Quelques-uns disent qu'elle est du même rocher du mont
Calvaire, et les autres tiennent qu'elle fut apportée dans ce
lieu par Joseph et Nicodème, disciples secrets de Jésus-Christ,
qui lui rendirent ce bon office, et qu'elle tire sur le vert;
quoi qu'il en soit, à cause de l'indiscrétion de quelques pèlerins qui la rompaient, l'on a été contraint de la couvrir de
marbre blanc et de l'entourer d'un petit balustre en fer, de
peur que l'on ne marche dessus. Elle a huit pieds moins
trois pouces de long, et deux pieds moins un pouce de
large; et au-dessus, il y a huit lampes qui brûlent continuellement.

» Le Saint-Sépulcre est à trente pas de cette pierre, et
justement au milieu du grand dôme dont j'ai parlé : c'est
comme un petit cabinet qui a été creusé et préparé dans le
rocher, à la pointe du ciseau. La porte qui regarde l'orient
n'a que quatre pieds de haut et deux et un quart de large :
de sorte qu'il se faut grandement baisser pour y entrer. Le
dedans du Sépulcre est presque carré. Il a six pieds moins
un pouce de long, et six pieds moins deux pouces de large,
et depuis le bas jusqu'à la voûte, huit pieds et un pouce. Il
y a une table solide de la même pierre qui fut laissée en
creusant le reste, elle a deux pieds quatre pouces et demi
de haut, et contient la moitié du Sépulcre, car elle a six
pieds moins un pouce de long et deux pieds deux tiers et
demi de large.

» Ce fut sur cette table que le corps de notre Seigneur fut
mis, ayant la tête vers l'occident et les pieds vers l'orient;

mais à cause de la superstitieuse dévotion des orientaux, qui croient qu'ayant laissé leurs cheveux sur cette pierre, Dieu ne les abandonnerait jamais, et aussi parce que les pèlerins en rompaient les morceaux, l'on a été contraint de la couvrir de marbre blanc sur lequel on célèbre aujourd'hui la messe : il y a continuellement quarante-quatre lampes qui brûlent dans ce saint lieu : et afin d'en faire exhaler la fumée on a fait trois trous dans la voûte.

» Le dehors du Sépulcre est aussi revêtu de marbre et de plusieurs colonnes avec un dôme au-dessus.

A l'entrée de la porte du Sépulcre, il y a une pierre d'un pied et demi en carré, et relevée d'un pied, qui est du même roc, laquelle servait pour appuyer la grosse pierre qui touchait la porte du Sépulcre : c'était sur cette pierre qu'était l'ange lorsqu'il parla aux Maries : et, tant à cause de ce mystère, que pour ne pas entrer d'abord dans le Saint-Sépulcre, les premiers chrétiens firent une petite chapelle au-devant, qui est appelée la chapelle de l'Ange.

» A douze pas du Saint-Sépulcre, en tirant vers le septentrion, on rencontre une grande pierre de marbre gris, qui peut avoir quatre pieds de diamètre, que l'on a mise là pour marquer le lieu où notre Seigneur parla à la Madeleine en forme de jardinier.

» Plus avant est la chapelle de l'Apparition, où l'on tient par tradition que notre Seigneur apparut premièrement à la Vierge après sa résurrection. C'est le lieu où les religieux cordeliers font leur office et où ils se retirent, car de là ils entrent dans des chambres qui n'ont point d'autre issue que cette chapelle.

» Continuant à faire le tour de l'église, l'on trouve une petite chapelle voûtée qui a sept pieds de long et six pieds de large, que l'on appelle autrement la Prison de notre

Seigneur, parce qu'il fut mis en ce lieu, en attendant qu'on eût fait le trou pour planter la croix. Cette chapelle est à l'opposite du mont Calvaire, de sorte que ces deux lieux sont comme la croisée de l'église, car le mont est au midi et la chapelle au septentrion.

» Assez proche de là, est une autre chapelle de cinq pas de long et trois de large, qui est au même lieu où notre Seigneur fut dépouillé par les soldats avant que d'être attaché à la croix, et où ses vêtements furent joués et partagés.

» En sortant de cette chapelle, on rencontre, à main gauche, un grand escalier qui perce la muraille de l'église pour descendre dans une espèce de cave qui est creusée dans le roc. Après avoir descendu trente marches il y a une chapelle, à main gauche, que l'on appelle vulgairement la chapelle de sainte Hélène, à cause qu'elle était là en prières pendant qu'on faisait rechercher la sainte Croix. On descend encore onze marches jusqu'à l'endroit où elle fut trouvée avec les clous, la couronne d'épines et le fer de lance, qui avaient été cachés en ces lieux plus de trois cents ans.

» Proche du haut de ce degré, en tirant vers le Calvaire, est une chapelle qui a quatre pas de long et deux et demi de large, sous l'autel de laquelle on voit une colonne de marbre gris, marquetée de taches noires, qui a deux pieds de haut et un et demi de diamètre. Elle est appelée la colonne d'*impropere*, parce qu'on y fit asseoir notre Seigneur Jésus-Christ pour le couronner d'épines.

» L'on rencontre, à dix pas de cette chapelle, un petit degré fort étroit, dont les marches sont de bois au commencement, et de pierre à la fin, par lequel on va sur le mont Calvaire. Ce lieu, qui était autrefois si ignominieux, ayant été sanctifié par le sang de notre Seigneur Jésus-Christ, les premiers chrétiens en eurent un soin particulier,

et après avoir ôté toutes les immondices et toute la terre qui
étaient dessus, ils l'enfermèrent de murailles : de sorte que
c'est à présent comme une chapelle haute, qui est incluse
dans cette grande église. Elle est revêtue de marbre en dedans et séparée en deux par une arcade. Ce qui est vers le
septentrion est l'endroit où notre Seigneur fut attaché à la
croix. Il y a toujours trente-deux lampes ardentes, qui sont
entretenues par les cordeliers, qui célèbrent aussi tous les
jours la messe en ce saint lieu.

» En l'autre partie, qui est au midi, fut plantée la sainte
croix. On voit encore le trou qui est creusé dans le roc, environ un pied et demi, de la terre qui était dessus. Le lieu
où étaient les croix des deux larrons est tout proche de là.
Celle du bon larron était au septentrion, et l'autre au midi ;
de manière que le premier était à la main droite de notre
Seigneur, qui avait la face tournée vers l'occident, et le dos
du côté de Jérusalem, qui était à l'orient ; il y a continuellement cinquante lampes ardentes pour honorer ce saint
lieu.

» Au-dessous de cette chapelle sont les sépulcres de Godefroi de Bouillon et de Baudouin son frère, où on lit ces
inscriptions.

HIC JACET INCLYTUS
DUX GODEFRIDUS DE BULLION,
QUI TOTAM ISTAM TERRAM ACQUISIVIT CULTUI CHRISTIANO,
CUJUS ANIMAM REGNET CUM CHRISTO.
AMEN.

———

REX BALDUINUS,
JUDAS ALTER MACHABEUS,
SPES PATRIÆ, VIGOR ECCLESIÆ, VIRTUS UTRIUSQUE,

QUEM FORMIDANT, CUI DONA TRIBUTA,
FERANT CEDAR ET ÉGYPTUS, DAN AC HOMICIDA DAMASCUS.
PROH DOLOR !
IN MODICO CLAUDITUR HOC TUMULO !

» Le mont Calvaire est la dernière station de l'église du
Saint-Sépulcre ; car à vingt pas de là l'on rencontre la pierre
de l'Onction, qui est justement à l'entrée de l'église.

Cette citation est empruntée de l'*Itinéraire de Paris à Jérusalem*, et tirée du voyage de Deshayes sous Louis XIII ;
c'est une description exacte des Saints-Lieux à l'époque où
cet envoyé de France visita Jérusalem et à celle où l'illustre
auteur du *Génie du Christianisme* les visita aussi ; mais ainsi
qu'il le rapporte, l'église du Saint-Sépulcre ayant été in-
cendiée, nous ne pûmes voir que le monument élevé par
les fidèles sur ses ruines. Nous avons parlé de Godefroi de
Bouillon et de Baudouin. Ajoutons une courte notice sur ces
héros chrétiens et sur l'histoire de cette Jérusalem qu'ils
avaient conquise.

Godefroi parut sur les frontières de la Palestine en 1099
de notre ère. Il était entouré de Baudouin, de Tancrède,
de Raimond de Toulouse, des comtes de Flandre, de Nor-
mandie, de l'Etolde, qui sauta le premier sur les murs de
Jérusalem ; de Guicher, déjà célèbre pour avoir coupé un
lion par la moitié ; de Gaston de Foix, de Gérard de Rous-
sillon, de Raimbaud d'Orange, de Saint-Pol, de Lambert :
Pierre l'Ermite marchait avec son bâton de pèlerin à la
tête de ces chevaliers.

Ils s'emparèrent d'abord de Rama ; ils entrèrent ensuite
dans Emaüs, tandis que Tancrède et Baudouin du Bourg
pénétraient à Bethléem. Jérusalem fut bientôt assiégée, et

l'étendard de la croix flotta sur ses murs, un vendredi 15, et selon d'autres, 12 de juillet 1099, à trois heures de l'après-midi.

C'était le temps où de simples chevaliers sautaient de la brèche sur le trône : le casque apprend à porter le diadème, et la main blessée qui mania la pique s'enveloppe noblement dans la pourpre. Godefroi refusa de mettre sur sa tête la couronne brillante qu'on lui offrit, ne voulant point, dit-il, porter une couronne d'or où Jésus-Christ avait porté une couronne d'épines.

Naplouse ouvrit ses portes; l'armée du soudan d'Egypte fut battue à Ascalon ; Robert, moine, pour peindre la défaite de cette armée, se sert précisément de la comparrison employée par Jean-Baptiste Rousseau; comparaison d'ailleurs empruntée de la Bible :

> La Palestine enfin, après tant de ravages,
> Vit fuir ses ennemis, comme on voit les nuages
> Dans le vague des airs fuir devant l'aquilon.

Il est probable que Godefroi mourut à Jaffa, dont il avait fait relever les murs. Il eut pour successeur Baudouin, son frère, comte d'Edesse. Celui-ci expira au milieu de ses victoires, et laissa, en 1118, le royaume à Baudouin du Bourg, son neveu. Voici sommairement ce qui se passa après eux.

Mélissandre, fille aînée de Baudouin II, épousa Foulques d'Anjou, et porta le royaume de Jérusalem dans la maison de son mari, vers l'an 1130 : Foulques étant mort d'une chute de cheval, en 1140, son fils, Baudouin III, lui succéda.

La deuxième croisade, prêchée par saint Bernard, conduite par Louis VII et par l'empereur Conrad, eut lieu sous le règne de Baudouin III. Après avoir occupé le trône pendant vingt ans, Baudouin laissa la couronne à son fils

Amaury, qui la porta durant onze ans. Amaury eut pour successeur son fils Baudouin, quatrième du nom.

On vit alors paraître Saladin, qui, battu d'abord, et ensuite victorieux, finit par arracher les Lieux-Saints à leurs nouveaux maîtres.

Baudouin avait donné sa sœur Sybille, veuve de Guillaume Longue-Epée, en mariage à Guy de Lusignan. Les grands du royaume, jaloux de ce choix, se divisèrent.

Baudouin IV ayant fini ses jours en 1184, eut pour héritier son neveu Baudouin V, fils de Sybille et de Guillaume-Longue-Epée. Le jeune roi, qui n'avait que huit ans, succomba en 1186 sous une violente maladie. Sa mère Sybille fit donner la couronne à Guy de Lusignan, son second mari. Le comte de Tripoli trahit le nouveau monarque, qui tomba prisonnier de Saladin à la bataille de Tibériade.

Après avoir achevé la conquête des villes maritimes, le soudan assiégea Jérusalem, et la prit en 1188 de notre ère. Chaque homme fut obligé de donner pour rançon dix besans d'or : quatorze mille habitants demeurèrent esclaves, faute de pouvoir payer cette somme. Saladin ne voulut point entrer dans la mosquée du temple, convertie en église par les chrétiens, sans en avoir fait laver les murs avec de l'eau de rose. Cinq cents chameaux, dit Sanut, suffirent à peine pour porter cette eau de rose employée à cette opération : ce conte est digne de l'Orient. Les soldats de Saladin abattirent une croix d'or qui s'élevait au-dessus du temple, la traînèrent par les rues jusqu'au sommet de la montagne de Sion, où ils la brisèrent. Une seule église fut épargnée, et ce fut l'église du Saint-Sépulcre : les Syriens la rachetèrent pour une grosse somme d'argent.

La couronne de ce royaume, à demi perdue, passa à Isabelle, fille de Baudouin, sœur de Sybille, décédée, et femme d'Eufroy de Turenne, Philippe-Auguste et Richard Cœur-de-Lion arrivèrent trop tard pour sauver la Ville-Sainte ; mais ils prirent Ptolémaïs ou Saint-Jean-d'Acre. La valeur de Richard fut si renommée, que longtemps après la mort de ce prince, quand un cheval tressaillait sans cause, ils disaient qu'il avait vu l'ombre de Richard. Saladin mourut quelque temps après la prise de Ptolémaïs ; il ordonna que l'on portât un linceul au bout d'une lance le jour de ses funérailles, et qu'un héraut criât à haute voix :

> Saladin,
> Dompteur de l'Asie,
> De toutes les richesses qu'il a conquises,
> N'emporte que ce linceul.

Richard, rival de gloire de Saladin, après avoir quitté la Palestine, vint se faire renfermer dans une tour en Allemagne. La prison donna lieu à des aventures que l'histoire a rejetées, mais que les troubadours ont conservées dans leurs ballades.

L'an 1212, l'émir de Damas Saleh-Ismaël, qui faisait la guerre à Nedjmeddin, soudan d'Egypte, et qui était entré dans Jérusalem, remit cette ville entre les mains des princes latins. Ce soudan envoya les Karismiens assiéger la capitale de la Judée. Ils la reprirent et en massacrèrent tous les habitants ; ils la pillèrent encore une fois l'année suivante, avant de la rendre au soudan Saleh-Ayoub, successeur de Nedjmeddin.

Pendant le cours de ces événements, la couronne avait passé d'Isabelle à Henri, comte de Champagne, son nouvel époux, et de celui-ci à Amaury, frère de Lusignan, qui épousa en quatrièmes noces la même Isabelle : il en eut un fils qui mourut en bas âge. Marie, fille d'Isabelle et de son premier mari Conrad de Monferrat, devint l'héritière d'un royaume imaginaire. Jean, comte de Brienne, épousa Marie. Il en eut une fille, Yolande, mariée depuis à l'empereur Frédéric II. Celui-ci, arrivé à Tyr, fit la paix avec le soudan d'Egypte. Les conditions du traité furent que Jérusalem serait partagée entre les chrétiens et les musulmans.

Frédéric II vint en conséquence prendre la couronne de Godefroi sur l'autel du Saint-Sépulcre, la mit sur sa tête et repassa bientôt en Europe : il est probable que les Sarrasins ne tinrent pas les engagements qu'ils avaient pris avec Frédéric, puisque nous voyons, vingt ans après, en 1242, Nedjmeddin saccager Jérusalem, comme je l'ai dit plus haut. Saint Louis arriva en Orient sept ans après ce dernier malheur. Il est remarquable que ce prince, prisonnier en Egypte, vit massacrer sous ses yeux les derniers héritiers de la famille de Saladin. Il est certain que les Mamelouks Baharites, après avoir trempé leurs mains dans le sang de leur maître, eurent un moment la pensée de briser les fers de saint Louis, et de faire de leur prisonnier leur soudan, tant ils avaient été frappés de ses vertus. Saint Louis dit au sire de Joinville qu'il eût accepté cette couronne, si les infidèles la lui avaient décernée.

Rien, peut-être, ne fait mieux connaître ce prince, qui n'avait pas moins de grandeur d'âme que de piété, en qui la religion n'excluait point les pensées royales. Les Mameloucks changèrent de sentiment ; Moas, Almansor, Moradin, Ali, Sefeidin, Moldar, succédèrent tour à tour au trône d'Egypte, et le fameux Bibars Bondoc.-Dari devint soudan en 1263. Il ravagea la partie de la Palestine qui n'était pas soumise à ses armes, et fit réparer Jérusalem. Kelaoum, héritier de Bondoc-Dari en 1281, poussa les chrétiens de place en place, et Khalif, son fils, leur enlevait Tyr et Ptolémaïs ; enfin, en 1291, ils furent entièrement chassés de la

Terre-Sainte, après s'être maintenus cent quatre-vingt-huit ans à Jérusalem.

Le vain titre de roi de Jérusalem fut transporté dans la maison de Sicile par le frère de saint Louis, Charles, comte de Provence et d'Anjou, qui réunit sur sa tête les droits du roi de Sicile et de la princesse Marie, fille de Frédéric, prince d'Antioche. Les chevaliers de Saint-Jean-de-Jérusalem, devenus les chevaliers de Rhodes et de Malte, les chevaliers teutoniques, vainqueurs du nord de l'Europe et fondateurs de la monarchie prussienne, sont aujourd'hui les seuls restes de ces croisés qui firent trembler l'Afrique et l'Asie, et occupèrent les trônes de Jérusalem, de Chypre et de Constantinople.

Il y a encore des personnes qui se persuadent, sur l'autorité de quelques plaisanteries usées, que le royaume de Jérusalem était un misérable petit vallon, peu digne du nom pompeux dont on l'avait décoré. C'était un très vaste et très grand pays. L'Écriture entière, les auteurs païens, comme Hécatée d'Obderi, Théophraste, Struban même, Pausanias, Galien, Dioscoride, Pline, Tacite, Salin, Ammien Marcellin; les écrivains juifs, tels que Josèphe, les compilateurs du Talmud et de la Misna; les historiens et les géographes arabes Massupi, Ibn-Haukal, Ibn-al-Quadi, Hamdoulla, Abdulfeda, Edrisi, etc.; les voyageurs en Palestine, depuis les premiers temps jusqu'à nos jours, rendent unanimement témoignage à la fertilité de la Judée. L'abbé Guène a discuté ces autorités avec une clarté et une critique admirables. Faudrait-il s'étonner d'ailleurs qu'une terre fertile fût devenue stérile après tant de dévastations? Jérusalem a été prise et saccagée dix-sept fois; des millions d'hommes ont été égorgés dans son enceinte, et ce massacre dure pour ainsi dire encore: nulle autre ville n'a éprouvé un pareil sort. Cette punition si longue et presque surnaturelle annonce un crime sans exemple et qu'aucune punition ne peut expier. Dans cette contrée, devenue la proie du fer et de la flamme, les champs incultes ont perdu la fécondité qu'ils devaient aux sueurs de l'homme; les sources ont été ensevelies sous les éboulements; la terre des montagnes, n'étant plus soutenue par l'industrie du vigneron, a été entraînée au fond des vallées, et les collines, jadis couvertes de sycomores, n'ont plus offert que des rochers arides.

Les chrétiens ayant donc perdu ce royaume, en 1291, les soudans Baharites demeurèrent en possession de leur conquête jusqu'en 1382. A cette époque les Mamelouks Circassiens usurpèrent l'autorité en Egypte et donnèrent une nouvelle forme de gouvernement à la Palestine. Si les soudans Circassiens sont ceux qui avaient établi une poste aux pigeons et des relais pour apporter au Caire la neige du mont Liban, il faut convenir que, pour des barbares, ils connaissaient assez bien les agréments de la vie. Sélim mit fin à toutes ces révolutions, en s'emparant, en 1716, de l'Egypte et de la Palestine.

XII

NOUVEAUX OBSTACLES AUX PROJETS DES PÈLERINS.

Je me proposais de visiter le jour suivant Jérusalem, que je n'avais pour ainsi dire que parcourue et connue par les détails de son antiquité. lorsque le père-gardien entra dans notre cellule et nous apprit une nouvelle qui renversait tous nos plans.

Le pacha était appelé à Constantinople et s'était déjà mis en devoir d'obéir aux ordres du Grand-Seigneur, et la garde de la ville allait se trouver confiée à l'officier supérieur que j'ai désigné sous le titre d'aga, n'ayant pas entendu donner d'autre nom. Cet officier était celui qui s'était montré si irrité contre nous.

Notre position devenait dangereuse, en l'absence du pacha ; l'aga pouvait nous soumettre à toutes les avanies que lui suggèrerait son ressentiment. Notre départ fut fixé à la nuit suivante, et nous en fîmes à la hâte et dans le plus grand secret les préparatifs. Nos deux noirs conduisirent les chameaux, au commencement de la nuit, dans la grande rue du bazar, puis sortirent de la ville par la rue de Jaffa : dès que les ténèbres furent assez épaisses pour nous dérober aux regards, nous suivîmes une autre direction, et après maints et maints détours, nous franchîmes les murailles par une brèche faite par le temps, et sous la conduite d'un guide nous allâmes, en longeant l'extrémité occidentale de la ville, rejoindre nos deux serviteurs. J'étais encore tout ému de ma séparation avec ces bons et vénérables Pères qui restaient sous le coup du ressentiment de l'aga. Ce fut les larmes aux yeux que nous nous donnâmes le baiser d'adieu. « Puissiez-vous retourner en paix dans votre patrie, nous dit le père-gardien d'une voix émue. Nous allons offrir pour vous le saint sacrifice, aux lieux mêmes où il fut consommé, afin d'attirer sur vous la protection du Dieu qui console et qui soutient la défaillance humaine dans cette véritable vallée de larmes. »

Un des Pères avait voulu nous accompagner jusqu'à ce

qu'il nous crût hors de danger du côté de la ville. Nous avancions depuis quelque temps, sur un sol raboteux couvert de cailloux et en pente, lorsque je vis un cours d'eau de peu d'étendue... Voici le Jourdain, nous dit le Père, il est presque à sec et le gué est praticable en cette saison. Ce nom de Jourdain me fit tressaillir, je sautai à terre et me courbai sur l'eau. Elle coulait sans bruit, lentement; de hautes herbes bordaient ses rives, et l'eau, que je goûtai, me parut peu potable.

— Sur l'autre bord, me dit le Père, vous serez plus en sûreté. Je vous laisse au guide fidèle qui connaît la contrée... « Adieu, Messieurs, adieu, nous répéta-t-il en s'éloignant rapidement » Il faut être sur la terre étrangère, près de traverser un fleuve dont le nom a été écrit dans toutes les langues, qui rappelle tant et de si merveilleux événements, pour sentir ce que le mot adieu, prononcé par une bouche amie, par un homme que vous ne reverrez plus et qui reste exposé à un martyre de chaque jour, a de pénétrant et de touchant en même temps.

Georges et moi entrâmes les premiers dans le fleuve, les chameaux que nos noirs tiraient par le licol nous suivaient, et nos deux zouaves formaient l'arrière-garde. A peine l'eau atteignait le ventre de nos chevaux. Dans cet endroit le Jourdain me parut avoir de trente à quarante pas de largeur.

— Ami, me dit Georges quand nous fûmes à l'autre rive, ce fleuve est à la Tamise ce qu'une chaloupe est à un vaisseau de guerre, mais il est grand dans l'histoire, et son nom ne sera jamais oublié.

Au point du jour, nous fîmes halte, en vue de quelques masures, que le guide nous nomma. Ce lieu, comme toutes les ruines de la Palestine, avait eu sa célébrité. J'en ai oublié le nom. Nous étions sur le chemin de Jaffa, que nous pouvions atteindre vers la fin du jour suivant.

Nous marchions en bon ordre et prêts à tout événement. L'hospice, grâce à la bienveillante prévoyance des Pères, nous avait procuré assez de vivres pour la route. Nous pûmes donc éviter le séjour dangereux des quelques bourgagades, et arriver sans mauvaise rencontre en vue de la ville de Jaffa.

Je ne sais ce que les autres pèlerins qui ont visité Jérusalem ont éprouvé, mais je puis dire que durant mon séjour dans cette ville, je me trouvai dans une situation d'esprit et de cœur telle que je me rendais à peine compte de mon existence.

Cette cité silencieuse, sombre, presque déserte, assise sur des rochers, entourée d'affreuses vallées, ou n'offrant que des rochers nus et brûlés par le soleil; ces campagnes presque solitaires, stériles et en-dehors du mouvement de la vie des peuples, jettent l'âme dans une contemplation douloureuse, qui absorbe la pensée. Mais lorsque du milieu de ces ruines, du fond de ces vallées, dans des rues silencieuses, du haut de ces monts et de ces rochers à l'aspect désolant, surgissent les plus grands souvenirs, les événements qui ont changé la face de la terre, on tombe dans une espèce d'hallucination qui vous fait vivre d'une autre vie, qui vous fait comparer tant de splendeur passée, tant de dévastations soufertes, et puis après les grandeurs, qui les fait comparer à cette épouvantable désolation : on sent que le souffle de la colère divine a passé sur cette ville, sur cette contrée ; et on répète avec le roi-prophète : *Vanitas vanitatum, et omnia vanitas.* Il n'y a d'impérissable que les œuvres de Dieu.

XIII

RETOUR EN FRANCE.

L'ASPECT du pays était entièrement changé : à des campagnes nues et stériles, avaient succédé la végétation, l'animation d'une vie plus active et plus libre dans ses allures : de loin, Jaffa m'apparut bâtie sur une élévation où elle s'élevait en amphithéâtre, ceinte d'une large muraille, et défendue par un fort. Tout à l'entour des forêts d'orangers, alors en fleurs, exhalaient des parfums que l'on sentait longtemps avant d'y être arrivé. Les limoniers, les cédrats et les poncires croissaient aussi en abondance, dominés par les hautes tiges des palmiers. Le contraste de cette terre, riche des dons du ciel, avec les campagnes désolées que nous venions de traverser, ranimait l'âme, en chassait la tristesse qu'y laissent toujours les lieux déserts et presque inanimés ; cependant mon esprit ne pouvait se détacher de la triste Jérusalem, de ses souvenirs et de ses ruines : il avait beau s'occuper de ce qui frappait mes yeux, toujours, et comme malgré moi, il se repliait vers les jours passés et tombait dans une tristesse qui n'était pas sans un certain charme. Je n'oublierai jamais Jérusalem ; sa destinée n'est pas finie, les Turcs tombent en dissolution.

Jaffa a joué un très grand rôle durant la prospérité de la Judée, dans les derniers temps et jusqu'à nos jours ; son port, quoique mauvais et peu sûr, a été le lieu de débarquement des pèlerins qui se rendent à la Terre-Sainte par la

Méditerranée. Elle fut une des premières conquêtes des croisés ; Saladin la prit et la ruina : saint Louis vint et rétablit la ville ruinée : elle eut deux siéges à soutenir et de nouvelles dévastations à souffrir. En 1776, les Mamelouks, après un siége de quarante-six jours, s'en emparèrent, massacrèrent tous ses habitants et la ruinèrent de nouveau. En 1799, les Français la prirent, et après les désastres de l'Egypte, elle retomba au pouvoir des Turcs, qui la rendirent dépendante du pachalik de Damas.

Nous ne fîmes, dans cette ville, qu'un séjour suffisant pour chercher un navire qui pût nous transporter à Marseille. Nous avions hâte de revoir le sol natal. Selon ses habitudes, Georges prit seul toutes les peines qu'il faut se donner quand on laisse le bagage de terre pour celui de la mer. Ce qui me prouva qu'il avait le cœur bon, c'est qu'il n'oublia ni notre guide ni les bons Pères restés en sentinelle près du grand tombeau du Sauveur. Nos deux noirs eurent surtout part à sa bienveillante générosité ; il les plaça chez un fabricant de savons, originaire de l'Irlande, et depuis longtemps établi à Jaffa, où son industrie avait prospéré. La récompense fut celle d'un Anglais généreux : quant à nos deux zouaves, eussent-ils trouvé une position où la fortune leur eût souri, qu'ils auraient préféré la France et la misère, je n'en doute pas. « Nous en avons assez de l'Orient et des Turcs, nous dirent-ils, et quoique ce ciel soit assez beau, il ne vaut pas celui de notre France. D'ailleurs nous n'avons point de nouvelles de la Crimée, et c'est désolant. »

Un petit navire américain relâcha dans le port : le capitaine se proposait de se rendre sur les côtes de France. Le prix de notre passsage fut réglé, et le cinquième jour après notre arrivée à Jaffa, nous étions à bord du *Kentucky*, de trois cents tonneaux.

Les Anglais ont la prétention d'être les premiers marins de l'univers, oubliant, par amour-propre national, que, quand la France a donné son attention à la marine, elle a rivalisé, et surtout de notre temps, avec la marine britannique ; mais je suis convaincu que si tous les marins américains ont l'habileté, la promptitude et la ponctualité des matelots du *Kentucky*, quoique navire marchand, la marine anglaise a une autre rivale de l'autre côté de l'Atlantique.

Le capitaine, Jack Makimalk, était un de ces déterminés Yankees qui confient toute leur fortune sur l'Océan, en prenant toutes les mesures possibles pour la préserver de ses caprices. Son petit équipage n'était composé que de matelots associés à une société de tempérance.

Il serait superflu de raconter notre traversée ; elle ne fut pas toujours favorisée d'un temps propice. Nous essuyâmes un coup de vent à la hauteur de l'île de Chypre, mais grâce à l'habileté de nos matelots, à la bonté du navire, nous n'éprouvâmes aucune avarie ; laissant à notre droite Candie et quelques états qui sortaient à peine des eaux, nous rangeâmes les côtes de l'île de Naples, et deux jours après celles de la Sicile, et, entrant enfin dans la Méditerranée, qui baigne les côtes de France, nous débarquâmes heureusement à Marseille. Cinq jours après, Georges et moi descendions à l'hôtel des diligences, à Paris, où ma mère et ma sœur allaient nous attendre depuis plusieurs jours.

Depuis ce pèlerinage, qui fera époque dans ma vie, je passe mes jours à la campagne, dans une jolie habitation qui avoisine la Seine, et j'ai pris le parti de vivre pour ma famille et pour moi, dans une vie presque cénobitique, en songeant à la brièveté de l'existence humaine. Georges est retourné à Londres et m'a écrit qu'il allait s'embarquer pour les Grandes-Indes, théâtre d'une guerre atroce, lui qui a horreur de la guerre. L'homme est ainsi fait. Mes deux zouaves, établis chez moi, n'ont conservé de leur ancienne profession que la manie de faire faire, les dimanches, l'exercice aux autres domestiques. Ils sont devenus des hommes très laborieux et chrétiens fervents. C'est la meilleure amélioration qu'ils puissent désirer.

FIN DU PÈLERINAGE DE CONSTANTINOPLE A JÉRUSALEM.

BATAILLE DE LÉPANTE

FRAGMENT HISTORIQUE (1571)

I

La première croisade fut la première guerre générale entreprise par les chrétiens pour refouler les Turcs et affaiblir leur puissance. La bataille de Lépante fut la dernière victoire remportée sur les musulmans par les forces chrétiennes.

Ce qu'Urbain II avait été pour la première croisade, Pie V le fut pour l'expédition qui eut pour résultat la glorieuse bataille de Lépante.

Le mahométisme n'exécutait-il pas un arrêt de la divine Justice ? n'était-il pas destiné à infliger un châtiment exemplaire aux peuples de l'Orient qui, les premiers, avaient reçu le précieux dépôt de la foi, et qui le trahirent ensuite déplorablement, à la suite de leurs disputes théologiques, uniquement inspirées par l'ignorance et l'orgueil ?

Des débris de l'empire grec se forma l'empire turc, dont les conquêtes ne s'arrêtèrent que devant l'héroïque résistance des peuples catholiques de la Hongrie et de la Pologne, comme précédemment les Arabes avaient cédé, dans la France catholique, à l'épée de Charles Martel. Les vainqueurs de Lépante, qui portèrent la première atteinte à la force maritime des Turcs, n'étaient-ils pas également catholiques ?

Depuis cette bataille jusqu'à celle de Navarin, la puissance ottomane a graduellement faibli ; et, en demeurant
stationnaire, en vertu de la loi de Mahomet, qui immobi-
lise et pétrifie tout ce qu'elle touche, elle a considérable-
ment décru, sous le rapport de la civilisation et des lumières, toujours progressives chez les peuples chrétiens de
l'Europe.

II

Les événements qui précédèrent la bataille de Lépante
ont trop d'importance et sont trop étroitement liés avec ce
brillant fait d'armes, pour que nous ne les relations pas
d'abord.

Soliman II fut un des princes les plus remarquables de
son époque, riche en souverains distingués. Les historiens
se plaisent à l'appeler le plus honnête des sultans. Sous lui,
les Ottomans s'élevèrent au faîte de leur puissance. Ses
nombreuses armées faisaient trembler l'Europe, l'Asie et
l'Afrique. Sur le déclin de sa vie, la victoire lui devint infidèle, et l'abandonna au siége de Malte. La défense du
grand-maître La Valette et des chevaliers est un des plus
beaux faits d'armes de l'histoire.

Cette île était restée dans la plus déplorable misère. Les
chevaliers pensaient déjà à l'abandonner et à se réfugier en
Sicile. Le Saint-Père, pour détourner le grand-maître d'une
telle pensée, expédia à ses frais trois mille bons soldats.
Un nonce devait remettre en même temps quinze mille écus
d'or et en promettre trente-cinq mille, qui seraient payés
avant sept mois. Pie V envoya aussi un bref, où il assurait
qu'il n'épargnerait pas son propre sang pour l'honneur de
Dieu et pour le salut des habitants de Malte. C'est avec ces

secours que l'on put commencer à construire la nouvelle ville, qui fut appelée cité *La Valette*, du nom du grand-maître. Cette ville est devenue une des plus formidables forteresses du monde.

Pour venger son échec devant Malte, Soliman s'empara de l'île de Chio, fit ravager les côtes de l'Italie, envahit en personne la Hongrie et vint assiéger la ville de Sigette ou *Szigeth*.

Située dans une position très forte, cette place passait pour le boulevard de la Hongrie. Deux mille cinq cents hommes, commandés par le vaillant comte Nicolas de Zring, étaient chargés de la défendre. Dès que les Turcs parurent, toute la garnison se lia par un serment solennel de n'accepter aucune proposition, de vaincre ou de mourir. On sait son héroïque résistance. Lorsqu'enfin les ouvrages de défense furent tous détruits et que le château, le dernier rempart des assiégés, fut devenu la proie des flammes, le brave Zring se jeta à la tête de trois cents guerriers, dans les rangs ennemis, et ils succombèrent glorieusement, les armes à la main. Cette victoire coûta trente-six mille hommes aux Turcs.

Une fièvre pernicieuse avait enlevé Soliman pendant le siège, à l'âge de soixante-quatorze ans. Sélim II lui succéda sans hériter des grandes qualités de son père. Il s'empressa de conclure une trêve avec Maximilien II, qui régnait alors sur l'Allemagne et la Hongrie.

Pendant que la Turquie semblait dormir au sein d'une paix profonde, on apprit tout-à-coup que le nouveau sultan faisait des préparatifs de guerre formidables, et l'on ne fut pas peu surpris de savoir que ces armements menaçaient l'île de Chypre. Cette île était alors sous la domination de la république de Venise.

Peu scrupuleux observateur de la loi de Mahomet, Sélim avait une passion extraordinaire pour le vin, et le vin de Chypre était particulièrement de son goût. Il résolut donc de ne reculer devant aucun sacrifice pour se rendre maître d'une île qui produit une liqueur aussi généreuse. Mustapha, pacha de Damas, que Sélim avait mis au nombre de ses ministres, ne le pressait pas moins de rendre son règne célèbre par quelque grande entreprise. Il lui rappelait continuellement les exemples de la plupart de ses prédécesseurs, qui n'avaient compté être véritablement sultans que de l'instant qu'ils avaient ajouté quelque nouvelle province à leur empire.

Eu vain le sage Méhémet, son grand-visir, avait fait ses efforts pour détourner Sélim de son dessein. En vain il lui avait représenté qu'il y avait plus de véritable gloire à secourir les Maures de Grenade, opprimés par les plus irréconciliables ennemis de Mahomet, qu'à attaquer des voisins avec lesquels il vivait en paix.

La guerre avait été décidée, et la Porte envoya un ambassadeur à Venise pour déclarer au sénat que le Grand-Seigneur ne pouvait plus, sans blesser sa dignité, dissimuler le peu d'égards que les Vénitiens lui montraient, en donnant retraite aux corsaires dans les ports de Chypre ; que l'unique moyen de conserver la paix avec lui était de lui céder cette île ; qu'une république aussi sage que celle de Venise devait sacrifier volontiers une possession de si peu d'importance, pour mériter l'amitié d'un tel prince ; que si les Vénitiens refusaient d'y consentir, il était déterminé non-seulement à leur enlever cette île, mais à les poursuivre par terre et par mer.

Le sénat de Venise répondit que l'île de Chypre ne reconnaîtrait jamais la domination des Musulmans et que la

république était prête à repousser toute agression par les
armes.

Saint Pie V voyant l'orage qui allait fondre sur l'île de
Chypre et sur les puissances chrétiennes, adressa un pres-
sant appel à tous les princes catholiques de l'Europe et s'efforça de former entre eux une ligue contre l'ennemi commun. Il publia un jubilé, institua l'oraison des quarante
heures, stimula les fidèles à l'accomplissement de leurs de-
voirs, et concéda une indulgence plénière à quiconque,
après s'être confessé et avoir communié, adresserait à Dieu
de ferventes prières pour le triomphe des armes chrétiennes.

L'Espagne et la Toscane s'armèrent seules à la voix du
Pontife suprême. Philippe II d'Espagne, alors le prince le
plus puissant de l'Europe, envoya cinquante galères sous
les ordres de Jean-André Doria, un parent du fameux amiral génois de ce nom. Cosme de Médicis, duc de Toscane,
et le pape, fournirent chacun quinze galères. Le 11 juin 1570,
jour de la fête de saint Barnabé, patron de l'île de Chypre,
Colonne reçut dans l'église de Saint-Pierre, avec les céré-
monies accoutumées, le pavillon du Saint-Siége, et alla
l'arborer à Ancône, sur la capitane de l'escadre dont il
avait le commandement. Un grand nombre de chevaliers
et de nobles s'embarquèrent comme volontaires.

Pendant que la flotte vénitienne attendait à Zara celles
du pape et du roi d'Espagne, elle y fut malheureusement
dévastée par la peste et elle se trouva ainsi dans l'impuissance de traverser la navigation des Turcs. Ces derniers débarquèrent le 25 juillet en Chypre et commencèrent leurs
opérations par le siége de Nicosie, la capitale de l'île.

III

Chypre, l'antique Chypre, qu'on peut regarder, après la Sicile, comme la perle de la Méditerranée, est une grande et belle arête montagneuse de 232 kilomètres de long sur 83 de large. Le majestueux Olympe (aujourd'hui le mont de la Croix), haut de 2010 mètres, est la principale montague de l'île. Chypre fut renommée dans toute l'antiquité par les honneurs qu'elle rendait à Vénus. On a ouï parler des honteux sanctuaires de Paphos et d'Amathonte.

Elle fut une des premières contrées où s'établit le christianisme. Saint Paul et saint Barnabé y prêchèrent l'Evangile et frappèrent Elymas d'aveuglement devant le proconsul Sergius-Paulus. On voit dans le récit des Actes des Apôtres (XIII, 4 — 12) que les Juifs formaient alors une grande partie de la population de l'île. Richard Cœur-de-Lion s'empara en 1191 de Chypre et la donna à Guy de Lusignan, roi de Jérusalem. Elle passa en 1373 aux Génois, et quatre-vingts ans après aux Vénitiens, qui eurent à la défendre contre les prétentions de Sélim II.

Pendant que Mustapha-Pacha dirigeait les travaux du siége, l'amiral Piaii se chargea de garder les côtes et de s'opposer aux tentatives que pourrait faire la flotte chrétienne en faveur des insulaires. Il y avait dans la place, outre mille gentilshommes, qui y étaient accourus pour la défendre, quinze cents Italiens à la solde de la république, deux mille cinq cents hommes de milice bourgeoise, et cinq mille hommes de levées faites dans l'île. Les Turcs avaient cinquante mille hommes de pied et deux mille cinq cents chevaux.

Les infidèles pressèrent vivement leurs travaux. Les as-

sauls se succédèrent presque sans interruption jusqu'au
9 novembre. Ce jour, l'infortunée Nicosie tomba au pouvoir
de l'ennemi. Tout ce que la licence, l'avarice et la cruauté
peuvent commettre de plus horrible fut exercé contre les habitants. Plus de vingt-cinq mille personnes de tout âge et de
tout sexe furent passées par les armes ; d'autres furent vendues comme esclaves.

Parmi les prisonniers, *Arnoldine de Roka* mérite une
mention particulière. Cette neroïque jeune fille, préférant
la mort à une infâme servitude, parvint à mettre le feu à
la soute à poudre du vaisseau qui la conduisait à Constantinople avec d'autres Cypriotes, et elle fit ainsi sauter le
navire.

Le triste sort de la capitale répandit la consternation
dans l'île, où tout se soumit au joug des farouches vainqueurs,
jusqu'à la ville de Famagouste.

L'intrépide Bragadino, gentilhomme vénitien, commandait cette place. Lorsque les soldats turcs arrivèrent sous
les murs de la ville, ils promenèrent les têtes des notables
de Nicosie sur des piques, autour des remparts : celle de
Dandolo, l'ancien commandant de la capitale, fut envoyée
à Bragadino. Par ces démonstrations de cannibales, Musta-
tapha pensa ébranler le courage des habitants de Famagouste.

Un assaut fut livré sans résultat. Le mauvais temps
étant venu interrompre les opérations du siège, il fut con-
verti en blocus. Mustapha remit son expédition au printemps, et il distribua des quartiers d'hiver à ses troupes.
L'escadre ottomane retourna tranquillement dans le Bosphore.

Quant à la flotte chrétienne, elle était restée dans la plus
complète inaction. Jean-André Doria, après avoir rassemblé
à Messine toutes les galères que le roi d'Espagne avait en
Italie, n'avait pas voulu partir de Sicile qu'il n'eût reçu de

nouveaux ordres de la cour de Madrid. On perdit un si
long temps à attendre, que les vaisseaux chrétiens n'arrivèrent que le 30 août à la ville de Candie. Ils partirent enfin
de cette île, le 17 septembre, mais il s'était élevé en route
des disputes entre les généraux du pape et des Vénitiens
d'un côté, et Doria de l'autre. Comme on ne put s'accorder
sur le parti qu'il convenait de prendre, la flotte se sépara,
Doria s'en retourna en Sicile. Zéno, après avoir laissé deux
mille hommes à Candie, passa dans l'île de Corfou, et
Colonne, dont les quinze galères étaient réduites à cinq,
reprit la route d'Ancône.

IV

L'Europe chrétienne fut vivement émue à la nouvelle de
la prise de Nicosie et des actes de barbarie commis à cette
occasion. C'est en vain que le Père des fidèles fit de nouveau entendre sa voix. Les princes de l'occident n'avaient
plus l'ardeur des croisés. Les désordres survenus à la suite
de la réforme occupaient suffisamment chez eux l'empereur
et les princes d'Allemagne, ainsi que le roi de France,
Charles IX. Le premier allégua en outre la trêve qu'il avait
conclue avec la Porte. Sébastien de Portugal était trop jeune,
et Sigismond de Pologne trop vieux pour se jeter dans les
hasards d'une entreprise lointaine et périlleuse.

L'Eglise subissait alors une douloureuse épreuve en
orient, elle était aux prises avec la barbarie musulmane.
Dans les états du nord et du milieu de l'Europe, le protes-
tantisme agitait l'esprit de révolte et il y régnait la plus
grande confusion dans les idées, dans les mœurs, dans les
institutions et dans les tendances.

Au commencement de l'année 1571, les Vénitiens en-

voyèrent à Fomagouste huit cents hommes et une grande
quantité de munitions. Ce convoi fut escorté par seize galères. Jérôme Querini, qui les commandait, eut un temps
si favorable, qu'il arriva en huit jours aux côtes de Chypre.
Après avoir jeté le secours dans Fomagouste, il attaqua
douze galères turques que Piali avait laissées dans le golfe
de Constance. Il en coula trois à fond et obligea les neuf
autres de prendre la fuite. Il s'empara de deux bâtiments
chargés de vivres, ruina tous les forts que les ennemis
avaient construits près du golfe, et revint triomphant en
Gandie. Nicolas Donato, chargé d'un second convoi, s'a-
musa mal à propos en chemin, et lorsqu'il voulut continuer
sa route, la flotte ottomane s'était déjà remise en mer.

Le commandement de celle de Venise avait été ôté à Zéno
et donné à Sébastien Venerio. Ce dernier étant un esprit
bouillant, le sénat prit un parti jusqu'alors sans exemple
dans la république : ce fut d'associer au général Augustin
Barbarigo, qui devait tempérer par sa maturité le courage
trop impétueux de son collègue.

La ligue entre le souverain Pontife, le roi d'Espagne et
l'état de Venise, fut renouvelée. Il fut décidé qu'elle serait
perpétuelle, parce que la limitation à un certain temps serait de mauvais augure. Il fut aussi convenu que les puissances confédérées entretiendraient une flotte de deux cents
galères et de cent bâtiments de transport, sur laquelle ils
embarqueraient cinquante mille hommes. Le choix d'un généralissime fut encore la cause d'une dispute qui se prolon-
gea avec aigreur. On proposa d'abord Emmanuel-Philibert,
duc de Savoie. Mais comme il ne pouvait sans danger s'é-
loigner de ses États entourés de protestants, Philippe II fit
si bien que le commandement fut déféré à *don Juan d'Autriche*, son frère naturel.

Il y eut encore une plus grande difficulté pour régler à qui appartiendrait le droit de nommer un lieutenant à don Juan. Les plénipotentiaires du roi d'Espagne prétendaient que cette nomination appartenait de droit au généralissime. Mais les Vénitiens craignaient que les Espagnols ne voulussent mettre à la tête des forces combinées Jean-André Doria, odieux et supect au sénat : dans cette persuasion, ils s'opposèrent de tout leur pouvoir à la demande de l'Espagne, et déclarèrent qu'ils s'en remettraient à la volonté du Pape. Saint Pie V choisit Marc-Antoine Colonne.

Pendant que les chrétiens se livraient à de nouvelles contestations, la flotte ottomane, augmentée des galères algériennes, avait mis à la voile. Comme pour braver les puissances confédérées, elle remonta l'Adriatique, maltraita les côtes de l'Istrie et de la Dalmatie, traversa triomphalement les mers et vint enfin jeter l'ancre devant Chypre.

Le 19 mai, les Turcs commencèrent à battre par cinq endroits les murs de Fomagouste, et Mustapha poursuivit le siége de cette place avec une ardeur indomptable. L'histoire offre peu d'exemples d'un pareil acharnement dans l'attaque, et d'une résistance aussi opiniâtre dans la défense. Marc-Antoine Bragadino, qui commandait dans la ville, avait sous ses ordres Astor Baglione et Laurent Tiepolo. La garnison était composée de quatre mille huit cents hommes de troupes réglées, tant infanterie que cavalerie. On y avait joint trois mille miliciens de la bourgeoisie ou des habitants des campagnes.

D'un côté nous voyons une armée immense, renforcée à chaque instant par des bataillons nouveaux, insensible aux pertes comme aux revers. Elle n'avance qu'en versant des torrents de sang ; un échec est immédiatement relevé par une attaque plus vigoureuse ; l'assaut suit l'assaut.

De l'autre côté, rien ne peut ébranler le courage des assiégés : ni le nombre, ni la rage des ennemis, ni les brèches faites
à leurs fortifications endommagées de toutes parts, ni les ruines accumulées autour d'eux, ni la rareté, toujours crois-
sante des subsistances. Soldats et citoyens ne paraissent
animés que d'une même pensée, et tous rivalisent noblement avec leurs vaillants chefs.

Le 7 juin, une mine, habilement conduite par les assiégeants jusque sous l'arsenal, fit explosion, renversa une
partie des remparts et mit le feu à la ville. Les Turcs se
précipitant aussitôt avec fureur à travers la brèche, les assiégés se jettent sur eux avec une égale ardeur, et il s'engage
une lutte terrible, désespérée. Chez les habitants de la ville,
l'enthousiasme fut si grand que l'on vit des femmes et des
jeunes filles combattre à côté de leurs maris et de leurs
pères, les suivre sur la brèche et mourir à leurs côtés. Les
infidèles furent repoussés avec de grandes pertes. La garnison
de Famagouste continua de résister avec un courage digne
d'un meilleur sort.

Enfin les habitants n'ayant plus ni vivres, ni poudre, ni
espérance de secours, Bragadino se vit obligé d'arborer le
drapeau blanc. Les conditions de la capitulation furent que
les officiers et les soldats de la garnison seraient conduits en
Candie avec leurs armes, leurs bagages et cinq pièces de
canon ; que les Turcs leur fourniraient des galères pour les
y transporter ; qu'il ne serait exercé aucun mauvais traitement envers les habitants, qu'on ne toucherait point à leurs
biens et qu'ils ne seraient point obligés ni de sortir de l'île
ni de changer de religion.

Ces articles ayant été signés, et la garnison s'étant em-
barquée, Bragadino laissa Tiepolo dans la place, et alla sur
le soir saluer le général turc. Astor Baglione, Louis

Martinengo, Jean-Antoine Querini et plusieurs autres officiers accompagnèrent Bragadino. Mustapha les reçut d'abord avec une politesse apparente et il fit asseoir Bragadino à côté de lui. On parla de divers événements du siége. Le général turc se plaignit que les assiégés, pendant une suspension d'armes, avaient fait mourir quelques prisonniers. Bragadino soutenant que cette plainte était injuste, Mustapha se leva en colère. Il ordonna qu'on enchaînât l'infortuné gouverneur de Famagouste, il lui fit couper le nez et les oreilles, et il fit massacrer tous les officiers vénitiens qui avaient suivi leur commandant.

Le féroce pacha entra ensuite dans la ville, et sans respect pour la valeur, sans aucun souci de la foi jurée, prétextant que l'on n'était pas tenu de garder sa parole envers les *chiens de chrétiens*, ce barbare fit impitoyablement massacrer trois cents citoyens notables. Ceux qui étaient parvenus à s'embarquer furent arrêtés, chargés de chaînes et vendus comme esclaves.

Bragadino n'était pas au bout de ses tourments : quelques jours après, ses plaies encore toutes saignantes, et deux paniers remplis de terre pendus à son cou, Mustapha le fit conduire sur les différentes brèches du rempart, et toutes les fois qu'il passait devant le pacha, on l'obligeait de baiser la terre; ensuite on l'exposa au haut d'une antenne, pour servir de spectacle aux chrétiens arrêtés dans les vaisseaux. Enfin, au bruit des tambours et des trompettes, on le conduisit dans une place publique où il fut écorché vif et où il montra une force d'âme que la foi seule peut inspirer, même à un héros. Il ne cessa point d'invoquer Jésus-Christ et de reprocher aux infidèles leur perfidie. Il était écorché jusqu'à la ceinture, lorsqu'il prononça encore le nom du Sauveur. Il rendit enfin son âme à Dieu dans d'atroces douleurs.

En haine du nom de Jésus, Mustapha lui fit encore mille
outrages après sa mort; il remplit sa peau de paille, la
promena dans les ports d'Asie et de Grèce et il la fit hisser,
en guise de trophée, au haut d'un mât de la galère chargée
d'annoncer au sultan la victoire des Ottomans. L'armée
turque fut reçue triomphalement à Constantinople. Le triste
Sélim, ravi de se voir en possession d'une île qui produit
de si bon vin, oublia qu'elle lui coûta quatre-vingt mille
hommes.

V

La conduite des Turcs excita par tout l'occident un cri
d'indignation dont le Saint-Père s'efforça de tirer parti pour
stimuler la ligue des nations chrétiennes. Elles étaient
honteuses du triste sort de Famagouste et demandaient une
revanche éclatante.

Le duc de Savoie et la république de Gênes, qui étaient
entrés dans la ligue, avaient envoyé leurs escadres à Messine. Marc-Antoine Colonne s'y trouvait déjà avec les galères du Pape; bientôt la flotte vénitienne y arriva également.

Don Juan d'Autriche mit à la voile à Barcelonne, em-
menant avec lui Rodolphe et Ernest d'Autriche, fils de
l'empereur, et laissant à la cour de Philippe leurs deux
frères. Il reçut à Naples, des mains du cardinal de Gran-
ville, le bâton de généralissime, que le souverain Pontife lui
avait envoyé. Il amenait au secours des alliés quatre-vingt-
une galères, vingt-deux bâtiments de transport, huit mille
huit cents Espagnols, onze mille Italiens, environ trois
mille Allemands, une artillerie nombreuse et toutes sortes
de munitions de guerre.

La flotte réunie se composait, sans compter les chaloupes et les navires de transport, de deux cent huit galères, parmi lesquelles se trouvaient six *galéasses* vénitiennes, qui se distinguaient par leur construction colossale : c'étaient des citadelles flottantes, destinées à couvrir les autres vaisseaux et à ébranler par le feu de leur redoutable artillerie l'ordre de bataille des ennemis : chacune de ces galéasses était mise en mouvement par trois cents rames.

Avant de quitter le port de Messine, don Juan fit la revue des trois flottes. Celle de Venise, bien fournie d'ailleurs, manquant de soldats, il y plaça quatre mille hommes des troupes d'Espagne. Il renforça de même les vaisseaux génois et ceux du duc de Savoie.

Le 14 septembre on leva l'ancre. Don Juan partagea la flotte alliée en quatre divisions. Trois marchaient sur le même front avec leurs pavillons de différentes couleurs; la quatrième formait l'arrière-garde.

L'escadre ottomane, sous le commandement d'Ali-Pacha, s'était retirée dans le golfe de Lépante. Ali était un guerrier aussi intrépide qu'habile, et sa flotte était aussi nombreuse que celle des chrétiens. Il avait sous ses ordres Perlew, Mehémet, pacha de Négrepont, Sirok, pacha d'Alexandrie, Kilji-Ali, plus connu sous le nom de Ulazalli, pacha d'Alger; ce dernier était le marin le plus éprouvé de son temps.

Le golfe de Lépante, qui allait être le théâtre de la lutte des deux escadres, s'enfonce sur la côte occidentale de la Grèce entre la Livadie et la Morée, et il est fermé à l'orient par l'isthme de Corinthe : c'est le *Sinus Corinthiacus* des Romains. Sa longueur est de cent vingt-cinq kilomètres, et sa plus grande largeur de trente-cinq.

Dès que l'amiral ottoman eut connaissance de l'approche des chrétiens, il se hâta d'aller au devant d'eux à toutes voiles. Les deux flottes se rencontrèrent, non loin du promontoire d'Actium, à jamais mémorable par la victoire d'Auguste sur Antoine, victoire qui donna au premier l'empire du monde. Aussi loin que la vue pouvait s'étendre, la mer était couverte de vaisseaux. Des deux côtés on brûlait du désir de se mesurer dans une lutte décisive.

Ali divisa sa flotte en trois parties. Il se tint au milieu avec Pertew et cent soixante galères; Mehémet et Sirok commandaient l'aile droite, forte de quatre-vingts galères, et l'intrépide Ulazalli l'aile gauche, à la tête des vaisseaux algériens. Contre l'habitude des Turcs, leur front de bataille n'était point un croissant, mais une ligne droite.

Les vaisseaux chrétiens se placèrent en face, dans une position à peu près semblable. Au centre du corps de bataille était don Juan avec Colonne à sa droite, et Venerio à sa gauche : des deux côtés se trouvaient les galères de Savoie et de Gênes, commandées l'une par François-Marie de la Rovère, l'autre par Alexandre Farnèse, prince de Parme, plus tard le général le plus distingué de l'Europe.

La première ligne présentait un front de cent soixante galères. Les six galéasses des Vénitiens formaient l'avant-garde sous les ordres de Duodo. Don Juan fit éloigner tous les canots et autres bâtiments légers, afin d'ôter aux lâches l'espérance de la fuite.

Un dissentiment s'était élevé entre le généralissime de la flotte chrétienne et l'amiral vénitien Venerio. Ce dernier avait gravement manqué aux lois de la hiérarchie militaire, en faisant pendre de sa propre autorié un capitaine espagnol. Sur le point de livrer bataille, l'amiral vénitien vint faire ses excuses à don Juan : celui-ci lui présenta sa main en signe d'oubli ; cette réconciliation eut lieu publiquement, à la face des deux flottes,

Le soleil s'était levé avec majesté, et ses feux ardents embrasaient l'orient. A le voir monter si magnifique au-dessus de l'horizon, on eût dit un royal témoin qui venait pour assister à cette grande lutte : il ne venait si paisible et si beau que pour éclairer le carnage.

Les deux flottes n'étaient plus séparées que d'environ huit cents mètres, et le canon commençait à faire entendre sa voix formidable. Don Juan ordonne d'arborer l'étendard qu'il avait reçu du souverain Pontife ; et précédé de ce signe sacré, il parcourt les rangs dans un brigantin, afin d'exhorter les troupes à combattre jusqu'à la mort, et à mépriser le danger sous l'étendard de Jésus-Christ.

Dès que les soldats chrétiens voient flotter le drapeau où l'image d'un Dieu mort pour les hommes étincelait d'or et de pierreries, cette multitude, qui sous le fer dont elle était hérissée ne respirait que la menace et le carnage, présente un spectacle qui put fixer quelque temps les regards du ciel même. Toute l'armée, à l'exemple des généraux, tombe prosternée devant le Dieu sauveur, en jurant de verser jusqu'à la dernière goutte de leur sang pour la gloire de Jésus-Christ, et en le conjurant de favoriser les efforts dont il était le principe et le terme.

Ils s'étaient voués en victimes pacifiques, ils se relevèrent en lions altérés de sang, ne connaissant plus d'autre crainte que de manquer leur proie.

VI

Cette bataille allait être le plus grand. le plus sanglant de tous les combats livrés sur mer, dans les temps modernes. Les batailles sur terre présentent un spectacle terrible ;

mais du moins le sol qui porte les combattants ne menace point de s'entr'ouvrir sous leurs pas pour les engloutir. La terre leur offre au besoin des abris pour échapper au danger. Dans le combat naval tout conspire à augmenter le péril, à diminuer les ressources de conservation. Le vaisseau est une prison étroite d'où le soldat de mer ne peut sortir, tandis que la mort y pénètre de toutes parts.

Tout ce qui fait l'acharnement d'une lutte, se trouve en présence dans le golfe de Lépante : d'un côté, les sentiments chrétiens portés jusqu'à l'enthousiasme, l'amour de la gloire, l'ardeur de venger des désastres, des actes de barbarie récents sur un ennemi abhorré ; de l'autre le fanatisme musulman poussé jusqu'à l'exaltation, la soif du pillage et la haine profonde du nom chrétien. Dans cette lutte à mort figurent tous les instruments de destruction connus jusqu'alors, l'arc et le javelot, la hallebarde, la lance et l'épée, le mousquet et le canon.

Les deux généralissimes ne sont nullement préoccupés de mettre en pratique les lois de la stratégie navale : ils ne songent ni à tourner à leur profit les dispositions du vent, ni à se canonner à distance. Ils ne cherchent qu'à se rapprocher, à se mêler, à établir la lutte à l'arme blanche.

Dès que deux navires ennemis sont assez près l'un de l'autre, ils jettent les crampons, et les guerriers se précipitent à l'abordage : les uns s'élancent du haut des vergues, d'autres pénètrent par les sabords, chacun des deux vaisseaux devient un champ de bataille où l'on s'égorge avec acharnement.

Alexandre Farnèse, appelé l'Ajax de son temps, jeune héros plein d'un bouillant courage, se jette l'un des premiers dans une galère ennemie; armé d'une longue épée qu'il brandit des deux mains, il se fraye un chemin au milieu des infidèles, la mort l'accompagne où il se présente, ses guerriers ont de la peine à le suivre dans sa marche impétueuse.

Presque tous les vaisseaux sont jonchés de morts et de blessés. C'est en vain qu'une foule d'hommes que l'on précipite dans les flots s'efforcent de se sauver à la nage et appellent à leur secours d'une voix lamentable; les vagues les dévorent plus promptement encore que le fer et le feu; la mer était rouge de sang et couverte de têtes, de bras et de jambes. Des vaisseaux entiers descendent dans l'abîme ou éclatent et sautent en l'air avec le bruit du tonnerre. On entendait mugir dans les enfoncements des terres les montagnes et les rochers.

Longtemps, l'on ne sait de quel côté va se déclarer la victoire. Après une lutte des plus meurtrières, Barbarigo, qui combat comme un lion et qui s'immortalise par son courage, réussit à couler le vaisseau de Sirok et à jeter le désastre dans l'aile droite des Ottomans. Il tenait déjà la victoire entre ses mains, lorsqu'il reçoit dans l'œil un coup de flèche. Sa blessure ne lui permettant plus de donner des ordres, Contarini, son neveu, prend sa place et la remplit dignement; mais il fut tué. Avant d'expirer, il eut la satisfaction de voir les ennemis, qu'il avait en tête, se retirer en désordre, se faire échouer contre les rochers, et laisser leurs galères sans défenseurs.

Mais c'est au centre, où les deux généralissimes commandent et combattent en personne, que la lutte est engagée avec le plus d'opiniâtreté et de fureur. Leurs galères se précipitent l'une sur l'autre et se heurtent, semblables à deux nuages qui, au moment de la tempête, portent la mort dans leurs flancs. Avec Ali combattent, comme des tigres altérés de sang, quatre cents janissaires, l'élite de leur troupe. Don Juan leur fait face à la tête d'une valeureuse phalange de vétérans espagnols, qui passaient pour les meilleurs soldats de l'Europe.

Des deux côtés on déploie une valeur, une impétuosité, un sang-froid qui forcent les ennemis à l'admiration réciproque; les deux galères luttent longtemps avec un succès égal. Quel monstre couvre les deux navires de morts et de blessés et fait couler des flots de sang! Soudain un coup de canon, parti du vaisseau espagnol, atteint l'amiral ottoman et le foudroie. Les Espagnols accrochent aussitôt le vaisseau ennemi avec les crampons, montent à l'abordage, se jettent sur les Turcs consternés par la mort de leur chef, et en font un affreux carnage. La bannière de la croix est immédiatement hissée sur la galère ottomane, et la tête d'Ali, plantée sur une pique, est élevée à la proue. A cette vue toute la flotte chrétienne bat des mains et pousse un long cri de victoire.

La mort d'Ali répand l'épouvante et le découragement dans l'escadre turque; les esclaves chrétiens, qui y remplissent les fonctions de rameurs, profitent de la stupeur générale; ils parviennent à briser leurs chaînes et ils augmentent le désordre. Les alliés s'emparent d'un vaisseau après l'autre. Ce ne fut plus un combat, mais une horrible boucherie où les Musulmans stupides se laissaient égorger sans se défendre. Les soldats de la croix, pensant trop à venger les massacres de Chypre, souillent leur victoire par de sanglantes représailles, et ils oublient qu'ils combattent au nom d'un Dieu de pardon et de miséricorde. Toute la mer est couverte de cadavres et de débris de navires.

Les Turcs eussent perdu tous leurs vaisseaux sans le courage et le sang-froid d'Ulazalli, l'indomptable Calabrais (Ulazalli était un renégat de la Calabre) qui se couvrit de

gloire à cette bataille, luttant avec avantage contre les forces de Doria; il était même parvenu à se rendre maître
d'un grand nombre de galères vénitiennes, lorsque le triomphe des chrétiens devenant général, l'obligea d'en rendre
quelques-unes. Ulazalli ne songea plus désormais qu'à préserver, à sauver ses vaisseaux, et on le vit avec vingt huit
galères algériennes et quelques navires conquis sur les
chrétiens, faire dans un ordre parfait et une contenance
imposante une retraite qui lui attira l'admiration de ses ennemis.

VII

Telle fut la bataille de Lépante. Elle avait duré près do
six heures. Tous les auteurs pensent que cette victoire a été
une des plus signalées que les chrétiens aient remportées
sur les musulmans. Depuis la défaite d'Angora (1402), où
Tamerlan anéantit l'armée ottomane et s'empara de la
personne du sultan Bajazet, qu'il fit enfermer dans une
cage, la Porte n'avait éprouvé un désastre aussi considérable.

Les Turcs firent une perte immense : les vainqueurs leur
tuèrent trente-deux mille hommes, firent trois mille cinq
cents prisonniers, dont trente-neuf raïs ou commandants
de galères, délivrèrent quinze mille esclaves chrétiens, prirent cent trente à cent quarante galères ou autres bâtiments,
brûlèrent, coulèrent à fond ou firent briser tout le reste à
l'exception des vaisseaux que sauva Ulazalli.

Les chrétiens perdirent environ huit mille hommes, la
plupart Vénitiens. Outre Augustin Barbarigo et Contarini,
on eut à regretter quelques officiers de distinction, entre
autres Horace des Ursins et Bernardin de Cordoue. Le si-

nat de Venise, regardant une mort si belle comme un sort plus digne d'envie que de regrets, défendit d'en porter le deuil et d'en marquer aucune tristesse. Les prisons furent ouvertes et la liberté rendue aux prisonniers. La journée de Lépante (7 octobre 1571) devint pour cette république un jour de fête et d'allégresse publique, qu'elle ordonna de solenniser à perpétuité.

Le célèbre Cervantès, l'immortel auteur de *Don Quichotte*, était parmi les blessés. Il s'était signalé par sa bravoure et avait perdu une main dans le combat.

La victoire des chrétiens répandit la consternation et le deuil dans la ville de Constantinople. Le sultan en fut si affecté que, pendant plusieurs jours, il ne voulut prendre aucune nourriture.

La terreur fut si grande que les habitants de la capitale croyaient voir débarquer d'un moment à l'autre les vainqueurs pour qui c'eût été la chose la plus facile, s'ils y avaient pensé : dans cette persuasion les musulmans imploraient déjà la faveur et l'intervention des chrétiens de la ville en leur faisant des dons et des flatteries.

Don Juan et Colonne ramenèrent chacun leur flotte à Messine et ils entrèrent en triomphe dans ce port. Don Juan prit la route de Naples, et Colonne était parti un peu auparavant pour Rome. On y mit en délibération si on lui accorderait l'honneur du triomphe. Des raisons de politique firent qu'on réserva cette distinction pour don Juan.

Cependant le pape, voulant récompenser la vertu d'un guerrier illustre, qui avait rendu de si grands services à sa patrie et à toute la chrétienté, lui fit élever à la porte de Saint-Sébastien deux arcs de triomphe, ornés d'éloges magnifiques. Colonne, précédé de ses prisonniers, entre avec grande pompe par cette porte, traverse la voie Appienne, passe devant le Septizone (1) se rend aux arcs de Constantin, de Titus et de Sévère, et descend à l'église de Saint-Pierre pour rendre à Dieu de solennelles actions de grâce. Le lendemain, il alla avec le même cortége à l'église d'Ara-Cœli, où était anciennement le temple de Jupiter Feretrien. On y attacha les pavillons et les étendards des infidèles, et le célèbre Marc-Antoine Muret prononça un discours à la louange de Colonne.

Philippe II seul ne partageait pas l'allégresse générale. « Don Juan, dit-il froidement à celui qui lui apporta la nouvelle de la victoire, don Juan a été heureux, mais il a beaucoup osé. »

Le saint pape Pie V, aux prières duquel on attribua principalement ce succès, établit pour toute l'église une fête en l'honneur de la sainte Vierge, sous le nom de *Notre-Dame-de-la-Victoire*, et fit ajouter aux litanies :

Secours des chrétiens, priez pour nous.

Deux ans après, Grégoire XIII institua encore, en mémoire de la victoire de Lépante, ou plutôt établit la fête du Rosaire, déjà célébrée cent ans auparavant, et la fixa au premier dimanche d'octobre.

Pie V protestait que cette victoire était due à l'intercession de la Mère de Dieu, en laquelle il avait une confiance illimitée. Il avait prescrit pour le triomphe des armes chrétiennes des prières dans toute l'Eglise, et il avait surtout recommandé la fervente récitation du rosaire.

(1) Mausolée de la famille des Antonins. Il n'existe plus aujourd'hui. C'était un édifice d'une construction pyramidale avec sept étages de colonnes. Il était terminé par la statue de l'empereur Septime-Sévère, qui l'avait fait construire. Ce monument fut appelé *Septizons*, des deux mots latins *septem* et *zona*.

Pèlerinage de Constantinople. 7

Il avait eu sur l'issue de la bataille des connaissances plus que naturelles. Les historiens de sa vie assurent que le jour du combat, et la nuit précédente, il redoubla la ferveur de ses prières à Marie, et ordonna qu'on fît la même chose dans toute la ville; dans le temps de la lutte, le consistoire se trouvant assemblé, il quitta brusquement les cardinaux, ouvrit une fenêtre et y demeura quelque temps, les yeux levés au ciel ; ensuite il ferma la fenêtre et leur dit: « Il ne s'agit plus d'autre affaire que de rendre grâce à Dieu pour la victoire qu'il vient d'accorder à son peuple. »

FIN DE LA BATAILLE DE LÉPANTE.

JÉRUSALEM. — VISITE AUX SAINTS LIEUX ET A LA MOS-
QUÉE D'OMAR. — LES JUIFS A JÉRUSALEM [1].

Jérusalem, 19 septembre.

Mon cher frère,

Je suis arrivé à Jérusalem le samedi 13 septembre au
soir, après un voyage pénible ; comme il faisait nuit, il me
fallut remettre au lendemain pour visiter les saints lieux.
A cinq heures j'étais déjà sur pied, attendant avec impatience le moment où il me serait donné de franchir l'enceinte sacrée.

L'église du Saint-Sépulcre, surmontée de la fameuse
coupole, qui, en ce moment, préoccupe le monde politique,
se compose de trois églises réunies dans une seule et même
enceinte : l'église souterraine ou de l'Invention de la Sainte-
Croix (c'est le lieu où l'impératrice Hélène découvrit la croix
du Sauveur), placée à quelque distance au-dessous du
Golgotha ; l'église du Saint-Sépulcre, qui renferme le tombeau de Notre-Seigneur Jésus-Christ, et enfin l'église supérieure ou le Calvaire.

En entrant pour la première fois dans la basilique du
Sauveur, je fus bien péniblement impressionné ; j'entendis
les voix nasillardes des prêtres grecs schismatiques dont les

(1) Cet extrait et ceux qui suivent sont empruntés à l'excellent ouvrage de l'abbé
Sahulin, du diocèse de Strasbourg, intitulé *Lettres sur la Terre-Sainte*, volume
de notre 3º série grand in-8°. (Note des Éditeurs).

sons remplissaient tout l'édifice et qui célébraient leur office
dans la plus belle et la plus vaste partie du temple. A quelque distance d'eux, c'étaient les Arméniens qui faisaient
entendre leurs cris sauvages et discordants. Les Latins ne
devaient commencer leur grand office qu'à huit heures.

Si c'est un spectacle douloureux pour un cœur catholique
que de voir le schisme et l'hérésie se rencontrer sur les lieux
où l'Homme-Dieu fonda l'unité de la foi chrétienne, ce
spectacle a aussi son côté consolant. De même que la conservation du Pentateuque entre les mains des Juifs est un de
nos principaux arguments en faveur de l'authenticité de ce
livre, ainsi le respect avec lequel toutes les communions
chrétiennes entourent les lieux sanctifiés par le Sauveur
prouve la vérité de la tradition qui place dans chacun de
ces endroits telle ou telle circonstance ayant marqué l'origine du christianisme. Je ne parle pas seulement des lieux
célèbres entre tous les autres, tels que le Calvaire, le Saint-
Sépulcre, le jardin de Gethsemani, le mont des Oliviers,
Bethléem et Nazareth ; leur réalité topographique n'a pas
besoin d'être prouvée; mais il est une foule d'autres sanctuaires chers aussi aux chrétiens sur lesquels il ne s'est jamais élevé le moindre doute entre les diverses branches qui
portent le nom de chrétiens.

D'ailleurs, depuis l'ascension de Jésus-Christ, il y a toujours eu des chrétiens à Jérusalem, la tradition n'a donc
pas pu se perdre. Nos adversaires, les Juifs, ont également
toujours habité la Ville-Sainte, et ils n'ont jamais reproché
aux chrétiens de s'être trompés sur la position des endroits
qu'ils vénèrent; on ne peut, du reste, faire un pas dans Jérusalem et dans les environs sans rencontrer d'impérissables
souvenirs, sans découvrir une page de l'histoire de l'Ancien
ou du Nouveau-Testament.

Après avoir vénéré le Saint-Sépulcre et le Calvaire, notre première excursion fut pour le jardin des Oliviers ou Gethsemani, situé à l'orient de la Ville-Sainte. Chemin faisant, nous visitons la prison où saint Pierre fut détenu et délivré par un ange, les ruines du vaste palais de Pilate, l'emplacement du temple de Salomon sur lequel s'élève aujourd'hui la célèbre mosquée d'Omar; nous traversons la vallée de Josaphat toute pavée des pierres tumulaires des Juifs qui s'y font enterrer, le torrent de Cédron, et nous arrivons enfin au jardin de Gethsemani. On y montre encore aujourd'hui huit oliviers d'une grosseur prodigieuse. Les documents les plus authentiques attestent qu'ils sont contemporains de Jésus-Christ. Saint Jérôme les vit. Il est question de ces arbres à la prise de Jérusalem par Omar, qui ordonna qu'on les laissât subsister, et depuis le xiii° siècle, ils ont toujours été en la possession des Franciscains. La vallée de Josaphat est placée entre la ville et le mont des Oliviers, qui n'est qu'à un quart de lieue de Jérusalem. Cette montagne, qui domine la ville à l'est, est fort gracieuse avec ses bouquets d'oliviers et ses bosquets verdoyants. Je la vois devant moi, de la terrasse placée devant ma chambre du couvent où je t'écris. Il me semble, en la regardant, apercevoir le divin Ressuscité monter au ciel et nous appeler à sa suite. Du côté de la vallée de Josaphat, se trouve la porte Dorée, par laquelle Jésus-Christ fit son entrée dans Jérusalem le jour des Rameaux. Cette porte est murée avec soin : une tradition musulmane dit que c'est par elle que doivent rentrer les chrétiens quand ils s'empareront de nouveau do la Ville-Sainte.

Mais revenons au jardin de Gethsemani; nous nous y promenons silencieux et recueillis; chacun se demande s'il ne met pas le pied sur l'endroit même où se sont posés les

pieds du divin Sauveur. Je ne puis traverser la Voie douloureuse sans me faire cette question, et j'y marche chaque
fois aussi lentement que possible. Nous voici en face du rocher sur lequel dormaient les apôtres affligés pendant que
Jésus priait et qu'il était plongé dans d'ineffables douleurs.
Nous entrons un instant dans un étroit sentier; c'est là que
Judas trahit son Maître par un baiser. Je m'empresse d'y
faire une amende honorable tant pour le péché de Judas
que pour les miens. Nous pénétrons dans la grotte de l'Ago-
nie. Qui pourrait en ce lieu ne pas se rappeler les paroles
du divin Sauveur à ses apôtres, la nuit qui précéda son sacrifice sur le Calvaire? « *Mon âme est triste jusqu'à la mort,*
veillez et priez. »

Gethsemani! lieu doux et sacré à tout cœur chrétien!
pourrais-je redire les élans de mon cœur, quand, agenouillé
sur ce sol qui vit commencer l'œuvre de notre rédemption,
je laissai un libre cours à mes larmes? Ah! cher frère, te
rendrai-je l'émotion qui me gagnait chaque fois que, triste
et solitaire, mes pas me ramenaient les jours suivants vers
ce jardin plein de mystère qui exerce sur moi un irrésistible
attrait!

Nous retournons ensuite en ville en suivant la Voie douloureuse, en nous agenouillant à chaque station du chemin
de la Croix; le souvenir des différentes stations est conservé
avec soin. Les Turcs qui passent à côté de nous nous regardent de l'air le plus pacifique, et plusieurs, pour ne pas nous
déranger dans nos prières, arrêtent leurs chevaux ou leurs
chameaux jusqu'à ce que nous nous soyons relevés. Nous
montons ainsi jusqu'au Calvaire et nous descendons au sépulcre, où finit la dernière station. Qu'il fut long et pénible
ce chemin qui monte toujours, que la céleste Victime vou-

lut parcourir en traînant elle-même l'instrument de son supplice!

Nous commençâmes par le palais de Pilate, où Jésus-Christ comparut devant ce gouverneur romain. Il a été transformé en caserne turque. On reconnaît encore les larges assises romaines qui forment les substructions de l'édifice moderne. Ce sont évidemment les restes de l'ancien palais.

Un mot de l'arcade de l'*Ecce Homo*, du haut de laquelle Pilate présenta le Sauveur au peuple en disant : « Voilà l'homme ! Tu sais que M. l'abbé Ratisbonne, notre compatriote, est devenu propriétaire de cette arcade et qu'il a bâti tout à côté un beau couvent pour les religieuses de Sion. Cette arcade est contemporaine de Jésus-Christ ; aucun archéologue sérieux n'en a jamais douté. M. Ratisbonne a découvert également, au-dessous de l'arcade, la place pavée en mosaïque appelée en grec *lithostrotos*. Cette arcade servait aussi de tribune, d'où le gouverneur haranguait la foule réunie sur la place ; c'est pourquoi saint Jean donne le nom de *béma* au lieu d'où le Sauveur fut présenté aux Juifs.

Nous avons visité aussi la salle où fut instituée la sainte Eucharistie et où le Saint-Esprit descendit sur les apôtres. Je suis honteux pour les princes chrétiens de dire que la cénacle est aujourd'hui une mosquée. Le souvenir de l'adorable mystère qui y fut institué nous subjugua tellement que, nous jetant à genoux, nous baisâmes avec amour les pierres de cette mosquée, et récitâmes le *Pange lingua* et le *Veni Creator*.

M. de Barrère, notre consul, qui est parfaitement au courant des souvenirs sacrés et profanes qui se rattachent à la Ville-Sainte, voulut bien nous servir de guide dans une de nos plus longues courses dans l'intérieur et hors de la ville. Il nous fit d'abord ouvrir la mosquée d'Omar, placée sur l'emplacement du Saint des Saints de l'ancien temple des Juifs. Pour la visiter, ainsi que la mosquée adjacente (l'ancienne église de la Présentation de la sainte Vierge), il nous fallut laisser nos chaussures à l'entrée de la cour qui sert de vestibule à ces deux temples. Ils sont tous les deux d'une architecture fort remarquable, et la mosquée d'Omar, un des lieux les plus saints du mahométisme, se distingue surtout par la richesse de son architecture. Peu de pèlerins ont eu la faveur de la visiter. Aux yeux des musulmans fervents, l'entrée d'un *giaour* dans la mosquée d'Omar est la plus odieuse profanation. Le matin de notre visite, les noirs gardiens du temple furent tenus à l'écart et soigneusement mis sous clefs, dans la crainte que, dans leur fanatisme, ils ne se portassent à quelque acte violent sur nos personnes.

Le duc de Brabant et les chrétiens de sa suite qui la visitèrent, il y a six ans, durent être protégés par une forte escorte de soldats. A leur entrée, ils entendirent les gémissements plaintifs des imans ou prêtres turcs. D'autres musulmans se tenaient à l'écart, les larmes aux yeux; tellement ils étaient révoltés de voir des chrétiens souiller par leur présence leur sanctuaire de prédilection. La mosquée d'Omar est la plus sacrée après celle de la Mecque.

Elle forme un octogone régulier. Peu d'édifices allient à un si haut degré la légèreté, l'élégance, la richesse et la grandeur. Au centre s'élève, au-dessus du sol, une calotte de rochers dont la surface nue, inégale, tourmentée, fait un contraste singulier avec la riche décoration du temple. Cette roche sauvage est recouverte d'un dais de soie et entourée d'une balustrade richement travaillée. C'est de là que Mahomet se serait élevé dans le ciel.

Mais cette roche n'est autre chose que le sommet du mont Moriah, où eut lieu le sacrifice d'Abraham. Elle est l'aire d'Aravna le Jébuséen, sur laquelle David avait fait un sacrifice expiatoire. Elle fut comprise dans l'enceinte du temple de Salomon et devint l'autel des holocaustes. Au-dessous se trouve une caverne ou chambre souterraine. Cette caverne était destinée à recevoir le sang des victimes, qui s'écoulait dans le torrent de Cédron au moyen d'un canal dont nous avons encore vu les traces.

Notre consul eut un plaisir tout particulier à nous faire les honneurs de l'église Sainte-Anne que le gouvernement français est occupé à restaurer. Elle est bâtie sur l'emplacement de la maison qu'habitaient autrefois saint Joachim et sainte Anne avant la naissance de la Mère de Dieu. Je n'oublierai jamais l'émotion qui s'empara de moi, lorsque M. de Barrère, nous montrant dans le souterrain de l'église les vestiges d'une habitation antique, nous dit : « Voilà, Messieurs, où s'accomplit le mystère de l'Immaculée Conception de Marie. » Nous nous agenouillâmes aussitôt et récitâmes ensemble un *Pater* et un *Ave*.

Les chrétiens sont parfaitement libres à Jérusalem dans l'exercice de leur culte. J'ai rencontré un de ces jours, dans les rues, un convoi funèbre précédé du suisse de la paroisse catholique, de la croix, et suivi de nombreux enfants de chœur et du prêtre revêtu de sa chape noire. Derrière le corps marchaient des hommes et des femmes priant en arabe à voix très haute. Monseigneur Maupoint, le président de notre caravane, est salué par les soldats turcs, qui lui présentent les armes.

On rencontre à chaque instant des restes précieux de l'architecture salomonienne : ce sont d'immenses fragments de murs d'enceinte, des blocs de pierre énormes dont quelques-uns ont jusqu'à neuf mètres de longueur. Avec les pierres immenses qui servent de base au temple de Balbeck,

ce sont les plus grandes que la main de l'homme ait re-
muées. Les ruines, qui datent de Salomon ou de ses plus
proches successeurs, sont remarquables par la grande di-
mension des matériaux; ainsi l'on remarque dans le mur
d'enceinte du temple de Jérusalem des pierres qui ont neuf
mètres de long. Ces blocs énormes sont taillés en *bossage*
et joints sans ciment.

Lorsque dans la visite des monuments de Jérusalem votre
guide vous dit : c'est ici une construction *moderne*, ne prenez
pas ce mot dans le sens où on le prendrait en France;
construction moderne, ici, veut dire construction des croisés, ou construction saladine. L'architecture ancienne remonte aux Romains ou aux Juifs.

A propos des Juifs, j'ai visité leur quartier : il est affreu-
sement sale ; la plupart de leurs maisons ressemblent plutôt
à des antres infects. Les Juifs de Jérusalem, qui vivent toujours des souvenirs et des espérances de leur foi, inspirent
la plus vive pitié. Ils forment à peu près le tiers de la population. Dépossédés de leur ville et de leur temple, ils
viennent de toutes les parties de la terre, pleurer et prier
chaque vendredi entre 3 et 4 heures du soir, sur les ruines
de leur sanctuaire. Ce n'est pas sans attendrissement que
j'ai vu ces longues files d'hommes et de femmes priant,
sanglotant et arrosant de leurs larmes (ceci est à prendre
dans le sens littéral) ces vieilles pierres qui avaient servi de
base à la construction gigantesque de Salomon.

Du quartier des Juifs nous avons traversé celui des lépreux, qui sont nombreux à Jérusalem ; ils sont parqués
seuls, dans une construction antique, sur le mont Sion.

Les chrétiens catholiques sont ceux qui visitent le moins
la Ville-Sainte; les Russes y arrivent en plus grand nombre.
Il est constaté qu'avant les croisades, alors que le voyage en

Terre-Sainte était vingt fois plus périlleux qu'aujourd'hui, il arrivait plus de pèlerins français à Jérusalem que de nos jours.

La nuit que j'ai eu le bonheur de passer enfermé au Saint-Sépulcre, deux femmes russes, dont la piété m'impressionna vivement, se trouvaient tout près de moi ; tantôt elles lisaient à haute voix avec beaucoup d'onction, dans un livre de prières ; tantôt elles sanglotaient et se frappaient la poitrine ; tantôt elles se jetaient sur la pierre sacrée, y collant longtemps leurs lèvres, elles faisaient au moins cent signes de croix par heure, et chaque fois avec accompagnement d'inclinaison de la moitié de leur corps ; elles passèrent la nuit dans ces pieux exercices. Le lendemain, à 3 heures du matin, je les vis communier sous les deux espèces à la messe grecque célébrée au Saint-Sépulcre. Les Grecs restent debout en recevant la sainte communion.

La liturgie orientale est très intéressante à étudier ; celle des Arméniens a plus de rapports avec la nôtre que celle des Grecs ; le chant des Arméniens est horrible ; celui des Grecs, lorsqu'ils psalmodient, ne l'est guère moins ; mais, vers la consécration et après, il acquiert une suavité, une douceur qui va au cœur ; on dirait entendre vibrer les cordes d'une lyre harmonieuse. Tous ces pauvres gens ne sont séparés de nous que par l'ignorance et le préjugé. Ils tiennent de tout leur cœur à leur liturgie, certes très antique et très respectable, et croient que Rome voudrait la leur enlever.

Les popes sont d'une ignorance crasse ; j'en ai vu qui savent à peine prier leur *Pater* et leur *Credo*, et qui se promenaient en guenilles suivis de leurs femmes sales marchant nu-pieds ; leurs enfants nous demandaient l'aumône. Oui, les Grecs subissent malheureusement les conséquences de leur scission avec Rome. Depuis qu'ils ont quitté le centre de la catholicité, ils sont restés en-dehors du mouvement de la civilisation et de la science, qui porte toujours en avant les autres peuples de l'Europe. Toute activité intellectuelle a cessé. Le clergé, en perdant le sens élevé du christianisme, l'a transformé en un culte de pratiques pharisaïques. Les simples prêtres n'ont plus eu la vertu du célibat, et tous les évêchés, depuis le patriarcat de Constantinople, sont devenus le but et le prix de basses intrigues. Les dignités sacrées sont mises à l'enchère, et la simonie s'étend comme une lèpre sur la hiérarchie.

Le plus beau couvent de Jérusalem appartient aux Arméniens : les schismatiques nous font partout le meilleur accueil. Le patriarche grec jouit de revenus énormes, et l'évêque russe est très richement rétribué, tandis que le patriarche catholique se trouve sous ce rapport dans une situation inférieure et très regrettable.

La coupole de l'église du Saint-Sépulcre a besoin d'une prompte réparation ; elle est percée à jour et les pèlerins qui se trouvent placés au-dessous sont exposés à cause des débris qui s'en détachent. La combinaison des trois puissances pour la restaurer est pour l'Eglise russe le plus beau triomphe qu'elle ait jamais remporté à Jérusalem, les droits des Latins étant formels à cet égard.

Avant de clore la présente lettre, cher frère, je vais glaner encore dans mes souvenirs quelques détails qui t'intéresseront, j'en suis sûr. Quand nous avons eu le bonheur de visiter la montagne des Oliviers, nous y avons baisé avec respect l'empreinte du pied droit du Sauveur laissée sur le rocher lorsqu'il monta au ciel ; ce rocher est renfermé dans une mosquée, car les Turcs, qui vénèrent Jésus-Christ comme le premier prophète après Mahomet, Abraham et Moïse, tiennent à accaparer tous les lieux qui rappellent son souvenir. Ils ont transporté l'empreinte du pied gauche dans la mosquée de Sainte-Sophie, à Constantinople, où ils prétendent conserver également le berceau de Jésus-Christ. Nous avons chanté à haute voix le *Pater*, à l'endroit où le Sauveur l'enseigna aux apôtres; nous nous sommes également arrêtés à la place où Jésus pleura sur la ville déicide et la maudit. C'est du haut du mont des Olives qu'on jouit de la plus belle vue sur Jérusalem; on y découvre également du côté de l'orient la mer Morte et le Jourdain, que nous visiterons dans quelques jours. Nous partons ce soir pour Bethléem et Saint-Jean du Désert, patrie du précurseur. Adieu.

....

BETHLÉEM. — HÉBRON. — SAINT-JEAN DU DÉSERT ET LES VASQUES DE SALOMON.

Bethléem, le 21 septembre 1862, au soir.

Ma bonne sœur,

Tu seras sans doute heureuse de recevoir quelques lignes de moi écrites à Bethléem, tout près de la grotte où est né le divin enfant qui sauva le monde.

Cette journée passée à Bethléem est encore une de celles qui compteront dans ma vie.

La vue du Calvaire vous effraye en quelque sorte et vous remplit d'une certaine crainte; ce sont nos péchés qui ont cloué Jésus sur la croix; à la crèche du Sauveur, le cœur se dilate et s'épanouit : Jérusalem, c'est le deuil du Vendredi-Saint; Bethléem vous communique les douces joies de Noël. Et puis quel contraste dans la position des deux villes ! Jérusalem est assise sur des rochers arides, au milieu des ruines et de la dévastation. Bethléem est agréablement placée sur une petite colline à pente douce et presqu'entièrement couverte d'oliviers qui croissent au milieu de fertiles champs de blé.

Sortis de Jérusalem par la porte de Jaffa, nous passons à côté du mont Sion, où était autrefois le château royal de David et où se trouve encore la salle du cénacle, que nous avons visitée il y a quelques jours. Nous traversons la vallée de Raphaïm, où l'étoile reparut aux Mages pour les conduire à la crèche du Sauveur. Bientôt nous découvrons avec une joie indicible la petite ville de Bethléem. Tous les cœurs palpitent. Les uns méditent sur le mystère de la Nativité, d'autres prient le chapelet, d'autres enfin font retentir l'air de joyeux cantiques de Noël. Cette route que nous suivons, Marie et Joseph l'ont suivie il y a dix-huit cents ans. La vue de Bethléem vous rappelle ces paroles du Prophète : « Et toi, Bethléem, terre de Juda, tu n'es pas la moindre des villes de Juda ; car c'est de toi que doit sortir celui qui sera le chef du peuple d'Israël. » Nous voici à l'entrée de la ville. Les catholiques, sans doute prévenus de notre arrivée, s'y trouvent en grand nombre. Ils arrrêtent les chevaux des pèlerins qui portent le costume ecclésiastique, et saisissant avec empressement leur main, ils la portent avec respect sur leurs lèvres et sur leur front. C'est la manière de saluer les prêtres en Orient.

Après avoir traversé quelques rues, nous nous trouvons en face d'une espèce de forteresse composée de plusieurs bâtiments très élevés et surmontés d'immenses terrasses. C'est le couvent des bons pères franciscains où nous descendons. En Orient, tous les couvents sont fortifiés, précaution nécessaire pour les moments où le fanatisme musulman se rue sur les populations chrétiennes.

Le couvent de Bethléem est bâti sur la grotte même de l'Enfant-Jésus. Nous attendons avec impatience le moment où nous pourrons y descendre. Après nous être reposés un instant, le vénérable religieux qui nous sert de guide nous prie de le suivre. Nous partons tous avec empressement; chacun veut arriver le premier. Nous descendons un escalier souterrain qui mène à une vaste caverne où il n'y a à droite, à gauche, au-dessous et au-dessus de vous, rien que la roche vive. On nous montre dans les coutours de cette grotte quelques enfoncements où l'on a élevé des chapelles : ici, c'est l'endroit où furent enterrés les saints Innocents, là celui où l'ange apparaissant à saint Joseph lui dit de prendre la mère et l'enfant et de les mener en Egypte; plus loin se trouve la grotte où saint Jérôme fit une rude pénitence et écrivit la Vulgate; voici la grotte de sainte Paule et de sainte Eustochie sa fille, nobles dames romaines qui vinrent finir leurs jours dans le voisinage de la crèche de Bethléem. Enfin nous sommes au bout de la caverne, nous apercevons trois groupes de lampes d'or et d'argent suspendues aux voûtes d'un sanctuaire. Nous sommes dans la grotte, dans l'étable de Bethléem. Nous nous jetons tous à terre et le pavé retentit de nos brûlants baisers.

Combien je préfère cette nudité, cette pauvreté de la crèche de Bethléem aux riches décorations qui couvrent le rocher du Calvaire et la grotte du Saint-Sépulcre!

Ce matin j'ai eu le bonheur de faire descendre dans mes mains indignes, à la même place où il naquit il y a dix-huit siècles, le céleste Enfant. Depuis le jour de ma première messe, je n'ai pas célébré le saint sacrifice avec autant d'émotion.

J'ai passé dans cette grotte des heures de prières et de méditations que je n'oublierai jamais. A une demi-lieue de Bethléem s'étend la paisible et silencieuse vallée où les anges firent entendre aux bergers leurs concerts de louanges et les appelèrent les premiers à la crèche de Jésus enfant. Nous y sommes descendus ce soir et nous nous sommes agenouillés à l'endroit où l'ange leur apparut en leur annonçant la naissance du Sauveur. Pour s'y rendre, l'on traverse le champ de Booz, où Ruth et Noémi vinrent glaner des épis. Près de là est un village appelé le village des Pasteurs. Nous y avons visité le curé catholique, logé dans une espèce d'antre qui lui sert d'église et de presbytère. Elle fut bientôt remplie de ses paroissiens, qui vinrent pour voir les *Francis*, comme ils nous appellent. De jeunes filles nous chantèrent les litanies de la sainte Vierge en arabe.

En Palestine, les chrétiens sont absolument habillés comme les musulmans, à l'exception du turban, qui ne peut jamais être en couleur verte pour les chrétiens. Le turban est quasi nécessaire dans ces pays-ci pour garantir la tête contre les ardeurs d'un soleil brûlant. Un coup de soleil amène souvent, pour les Européens surtout, une mort immédiate. Les costumes orientaux que l'on trouve sur quelques vieux tableaux de nos églises, sont la fidèle reproduction des costumes de ce pays-ci. Ce sont partout des couleurs vives et tranchantes, des vêtements amples et larges. Les femmes bethléemites ont cela de particulier qu'elles ne sont pas voilées comme les femmes des autres localités. Le voile d'ici n'est pas le voile de chez nous, mais un chiffon de couleur qui couvre la figure de la femme.

Elles sont toutes drapées dans de longues étoffes qui leur cachent encore la figure jusqu'aux yeux, nonobstant le chiffon qui leur sert de voile.

La plupart des maisons des villages ressemblent à des cavernes où les hommes et les bêtes couchent pêle-mêle. Celles des villes sont grandes et spacieuses. Les rues sont toutes très étroites, pour être à l'abri du soleil; et avant d'entrer dans le corps du logis proprement dit, l'on traverse une petite cour. Chaque maison est surmontée d'une terrasse; on ne voit aucun toit. C'est sur cette terrasse que le musulman monte pour prier, plusieurs fois par jour.

C'est ici un usage invariable, dès que vous faites une visite, on vous offre la limonade, le café avec la cigarette ou le chibouque, qui est une énorme pipe. Refuser, c'est faire un sanglant affront.

Jérusalem, ce 24 septembre.

Nous voici revenus à Jérusalem, après une charmante, mais pénible excursion dans les montagnes. Nous avons d'abord visité les vasques de Salomon, immenses réservoirs construits par ce roi pour conduire, au moyen d'aqueducs, l'eau à Jérusalem. Ces vasques, placés sur la crête des hautes montagnes, à deux lieues de Jérusalem, ont résisté à l'action destructive des siècles. On est heureux et stupéfait de rencontrer de pareils monuments portant le caractère de la plus haute antiquité. A cent pas du réservoir supérieur est la *fontaine scellée*, célébrée par Salomon dans le Cantique des Cantiques. Plus tard nous avons longé le *jardin fermé*, dont il est parlé dans l'Écriture, et qui faisait les délices du plus sage des rois. Des bouquets d'orangers, de grenadiers et de figuiers, forment une charmante oasis de verdure au sein de ces âpres montagnes. Des sources limpides, chose si rare en Palestine, sillonnent ces jardins et y entretiennent une douce fraîcheur. L'Église, dans un poétique langage, appelle la très sainte Vierge un *jardin fermé*, une *fontaine scellée*, parce que le cœur de Marie source limpide et pure, ne s'ouvrit qu'aux rayons de l'amour divin, et demeura toujours fermé aux affections de la terre.

A trois heures de là se trouve Hébron, dans une position délicieuse. Elle est la plus ancienne des villes bibliques. Quelques auteurs prétendent qu'elle fut fondée par Adam, et que le Paradis terrestre fut placé dans la vallée de -Mambré. Moïse parle d'Hébron dans la Genèse. C'est à Hébron que vécurent et marchèrent devant le Seigneur Abraham, Isaac et Jacob. Ce fut en la vallée d'Hébron que Joseph fut envoyé à Sichem par Jacob pour s'informer de ce que faisaient ses frères. Ce dernier habitait Hébron, lorsqu'il partit pour aller se fixer en Égypte.

La vallée de *Mambré*, à un quart de lieue de la ville, n'est, au printemps, qu'une immense nappe de verdure couronnée de bosquets, de pistachiers, d'orangers, de caroubiers, autour desquels s'étendent des vignes incomparables. On montre, auprès d'un vaste chêne, l'endroit où Abraham reçut la visite des trois anges, ····s pour lui annoncer la naissance d'un fils.

La ville d'Hébron s'étage en amphithéâtre sur la pente d'une montagne. Les maisons s'entassent les unes sur les autres autour d'une imposante mosquée qui occupe le point culminant de la ville. Malgré ses dehors gracieux, elle ressemble à la plupart des villes orientales : ruelles sales et tortueuses, maisons lourdes et carrées aux toits plats, etc.

La mosquée d'Abraham, qui se trouve au milieu de la
ville et qui renferme les tombeaux de ce patriarche, de
Sarah, d'Isaac, de Jacob, est la grande curiosité d'Hébron.
L'entrée en est sévèrement interdite aux chrétiens et aux
juifs : on leur permet cependant de baiser, à travers une
ouverture, une des pierres de l'enceinte sacrée.

La tradition qui regarde cette mosquée comme bâtie au-
dessus de la grotte de *Macpéla*, où furent enterrés les pa-
triarches, paraît être parfaitement acceptable. En effet,
l'enceinte antérieure de la mosquée remonte à une haute
antiquité et elle doit être regardée comme un des plus précieux échantillons de l'architecture hébraïque. Josèphe,
Eusèbe et saint Jérôme parlent des tombeaux d'Abraham
comme de monuments parfaitement connus de leur
temps.

Il n'y a pas de chrétiens à Hébron. La population est
d'environ 10,000 âmes, dont 400 juifs. Les musulmans y
sont renommés pour leur fanatisme.

Les traditions abondent aux alentours de la ville. On y
montre le tombeau de Jessé, père de David, et celui d'Ab-
ner; l'endroit où Caïn tua Abel; la terre rouge avec laquelle Adam fut créé. Quant au fameux chêne de Mambré,
qui serait contemporain de la création, il a plus de sept mètres de circonférence; quelques-unes de ses branches ont
quinze mètres de long.

Il nous restait à visiter un sanctuaire que, tu le penses
bien, je devais voir avec beaucoup de bonheur aussi; c'est
Saint-Jean du Désert, lieu de la naissance et de l'enfance
de saint Jean-Baptiste, mon patron. Pour y arriver, nous
traversons des montagnes hautes et bordées de précipices,
et où l'on ne voit pas, le plus souvent, la moindre trace
d'un sentier. Les pentes étaient souvent aussi brusques que

des escaliers. Les chevaux de l'Orient ont une habileté incroyable pour ces sortes de marches, on dirait qu'ils ont des griffes aux pieds, tellement qu'ils escaladent, souvent en courant, des hauteurs couvertes de larges pierres. A Saint-Jean nous recevons également l'hospitalité chez les Pères franciscains. Leur église est élevée sur l'emplacement de la maison de Zacharie, où saint Jean vint au monde. Un escalier d'une dizaine de marches en marbre blanc, mène à un sanctuaire souterrain. Sous la table de l'autel ou lit cette inscription : *Hic præcursor Domini natus est.* Ici est né le précurseur du Seigneur. J'eus la consolation d'y dire plusieurs fois la sainte messe. Tu le penses, j'ai baisé cet endroit avec un profond recueillement. C'est dans ce lieu, déjà tabernacle vivant du Verbe incarné, que Marie vint à travers les montagnes de la Galilée et de la Judée visiter sa cousine Elisabeth. On a élevé une chapelle à l'endroit où ces deux saintes femmes se rencontrèrent. Elisabeth, s'avançant vers sa cousine, lui adressa ces paroles : « Vous êtes bénie entre toutes les femmes, et le fruit de vos entrailles est béni. D'où me vient ce bonheur que la mère de mon Sauveur vienne à moi ? Voilà qu'aussitôt que la voix de votre salutation a frappé mes oreilles, l'enfant que je porte a tressailli de joie dans mon sein. » Marie, remplie du Saint-Esprit, répondit par le magnifique cantique du *Magnificat.* Nous le chantâmes sur l'emplacement où les lèvres de Marie le firent entendre pour la première fois. Ce sont là, ma chère, des moments qui vous payent bien de la fatigue d'un long et pénible voyage.

Nous devions nous enfoncer encore davantage dans le désert, pour y visiter la grotte où le précurseur du Messie vécut dans les austérités de la plus absolue pénitence, en se nourrissant de sauterelles et de miel sauvage. Cette grotte se trouve sous les flancs escarpés d'un rocher. Nous y récitons une fervente prière et nous nous désaltérons ensuite à une petite source qui coule au pied de la caverne. Saint Jean y a souvent étanché sa soif lorsqu'il habitait cette solitude.

Avant de quitter Saint-Jean du Désert, nous allons faire une visite aux sœurs de Sion, que M. l'abbé Ratisbonne vient d'y établir. Elles s'occupent de l'éducation de jeunes filles arabes qui nous surprirent beaucoup en nous chantant en parfait français un cantique à la sainte Vierge. Avant de monter à cheval, je fus me prosterner de nouveau dans la chapelle de Saint-Jean pour lui demander encore son secours et sa protection.

Si cette lettre n'était pas déjà si longue, je te parlerais aussi du séminaire de Betschala, où monseigneur le patriarche de Jérusalem initie de jeunes Arabes à la vie du sanctuaire. Nous y avons trouvé une aimable hospitalité. Je me suis entretenu avec les séminaristes, dont plusieurs parlent assez couramment le français. Ils parlent le latin avec la même facilité que leur langue maternelle. J'ai été charmé de trouver, parmi leurs auteurs théologiques, Lieberman, notre compatriote.

Nous partons lundi pour le Jourdain et la mer Morte. Le pacha nous fera escorter par un peloton de soldats turcs.

LA MER MORTE ET LE JOURDAIN.

Jérusalem, le 3 octobre 1862.

Mon cher et bon ami,

Nous rentrons à Jérusalem, après une longue et fatigante excursion sur les bords de la mer et du Jourdain. Comme dispositions des tribus d'au-delà du Jourdain ne parurent pas rassurantes, notre consul et le pacha de Jérusalem ne voulurent pas nous laisser partir sans une escorte extraordinaire. Des hommes de ces tribus avaient assassiné, il y a trois semaines, un Franciscain et en avaient laissé deux autres pour morts sur la place.

Nous partons donc accompagnés d'un détachement de bachi-bouzouks armés de pied en cap, comme des brigands. Plusieurs agitent des lances d'une longueur démesurée. En quittant Jérusalem, nous longeons presque toujours le lit du Cédron, qui s'étend entre des rochers de plus en plus escarpés et qui finit par devenir un abîme prolongé.

Après trois heures de marche, nous arrivons au couvent de Saint-Sabbas, célèbre monastère occupé par des moines grecs schismatiques qui jouissent d'une grande réputation d'austérité. Ce couvent est bâti sur les escarpements des rochers qui servent de lit au Cédron. Rien de plus pittoresque que cet asile : on dirait un nid d'aigle suspendu sur l'abîme. Les anachorètes des premiers temps du christianisme étaient venus se fixer dans cette solitude sauvage, et l'on voit encore dans les flancs des rochers de la rive opposée les grottes nombreuses, je dirai innombrables, qui leur servaient de demeure.

Nous sommes reçus avec bienveillance dans le monastère, où nous passons la nuit. L'un des moines nous fait visiter l'église, qui est d'une richesse extraordinaire, les tombeaux de saint Sabbas et de saint Jean Damascène, ainsi qu'une chapelle dans laquelle sont amassés des crânes nombreux et des ossements blanchis, restes de quatre mille religieux massacrés au septième siècle par les mahométans. Les moines du couvent nous regardent passer avec une sorte d'in-

différence, et, comme les religieux de la Trappe, ils obser-
vent le plus profond silence.

Le lendemain nous sommes à cheval avant le jour. Nous
nous engageons bientôt dans des gorges de plus en plus
resserrées et qui ont 1500 pieds de profondeur. En arrivant
sur la cime de la première montagne, nous voyons s'étendre
devant nous comme un radieux miroir le bassin de la mer
Morte, éblouissante des premiers feux du jour. Curieuse
illusion d'optique! chacun jurerait n'en être séparé que de
vingt minutes. Il nous fallait encore cinq heures d'une marche continue pour y arriver. C'est un vrai mirage.

On descend toujours au milieu d'affreux défilés bordés
de montagnes âpres et dépouillées; elles semblent jetées
là à la suite d'un bouleversement du globe, et ne ressemblent pas aux autres montagnes. Vous savez que la mer
Morte est le lieu le plus bas de la terre.

Lorsque nous sommes dans la plaine, nos bachi-bouzouks
exécutent de brillantes fantasias. Ils s'élancent dans l'espace sur leurs légers coursiers avec la vitesse du vent, ils
chargent et déchargent leurs armes, font voler leurs lances
dans des courses admirables qui font oublier les fatigues
de la route. Nos applaudissements les encouragent, et leurs
jeux équestres égalent les tours des plus brillants écuyers
de Franconi.

Nous voici enfin sur les bords du lac Asphaltite. Ses eaux
sont transparentes comme celles de la rivière la plus limpide. C'est à qui s'y jettera le premier. Nous constatons ce
que nous avons de la peine à croire dans les relations des
voyages : c'est qu'il n'y a pas moyen de se noyer dans la
mer Morte. C'est en vain que vous cherchez à enfoncer votre
corps, il surnage toujours. J'ai marché dans l'eau sans tou-
cher terre. Celui qui se couche sur le dos peut tenir un li-.

vre dans ses deux mains et faire la lecture. Il pourrait même
se livrer au sommeil pendant que les vagues, qui sont toutes chaudes, le berceraient agréablement. Mais gare à celui
qui ne ferme pas soigneusement la bouche et qui a le malheur d'avaler une gorgée de cette eau ! Elle contient une
densité de sel sept fois plus forte que celle des autres mers !
Elle est horrible à boire, je puis vous le dire par expé-
rience.

Après un déjeuner pris sur la plage, nous traversons le
désert en laissant le Jourdain à notre droite, pour aller
camper tout près des ruines de Jéricho. La chaleur est ex-
cessive. Le thermomètre marque 56 degrés. On dirait se
trouver dans l'endroit le plus chaud de nos usines à vapeur
où l'on passe en toute hâte. Nous voyons au-delà du Jourdain les montagnes de la Moabie, parmi lesquelles apparaît
le mont Nébo, où mourut Moïse, après avoir contemplé la
terre promise à son peuple.

Nous sommes à Jéricho, autrefois une grande ville et où
se dressent maintenant quelques huttes habitées par des
sauvages. On nous indique l'emplacement de la maison de
Zachée. C'est un lieu tout rempli de souvenirs historiques :
le miracle de l'aveugle de Jéricho et celui des murs renversés
au son des trompettes de Josué.

Quel plaisir, après plusieurs heures de marche forcée,
sous un soleil dévorant, de trouver nos tentes dans une charmante oasis, près d'une source limpide à l'ombre d'un
bois rafraîchissant ! Nous sommes sur les bords de la fontaine d'Elisée. Cette eau miraculeuse est si pure, et si fraîche et si douce en même temps, que nous ne nous lassons
pas d'en boire. Cette source est nommée fontaine d'Elisée,
parce que le prophète Elisée, touché par les prières des
habitants de Jéricho, corrigea l'amertume de ses eaux, en

y jetant une poignée de sel. (Voir le 4ᵉ *livre des Rois*, II. 19.) Nous voyons s'élever presque perpendiculairement à notre gauche la montagne de la Quarantaine, ainsi appelée parce que notre Seigneur s'y retira pendant quarante jours et quarante nuits pour y jeûner. Cette montagne, au pied de laquelle nous campons, est percée de grottes qui servirent jadis de demeures à des anachorètes. On ne peut la gravir qu'à pied et non sans péril. Il faut une bonne demi-heure pour en faire l'ascension. Un étroit sentier qui serpente au-dessus d'un gouffre béant conduit au sommet, sur lequel on remarque, dans une caverne, les ruines d'une petite chapelle et quelques fragments de fresques byzantines. Les archéologues font remonter ces fresques aux premiers siècles de l'ère chrétienne. Cette caverne est vénérée comme ayant abrité l'Homme-Dieu pendant son séjour dans ce désert.

Après notre repas du soir, des habitants des cabanes de Jéricho viennent exécuter devant nous des danses arabes. Nous prolongeons la soirée par d'agréables causeries. Une ceinture de feu environne, toute la nuit, notre campement, pendant qu'une partie de notre escorte veille, l'arme au bras. Nous gagnons enfin nos couchettes. Mais les cris perçants des hyènes et des chacals troublent plus d'une fois notre sommeil.

Le lendemain nous nous trouvons de nouveau, de grand matin, dans les sables du désert pour nous diriger vers les bords du Jourdain, à l'endroit où eut lieu le baptême de Jésus-Christ. Le Jourdain ne se voit pas de loin; vous en êtes à peine éloigné de vingt mètres, et vous demandez où il se trouve. Nous arrivons sur ses bords, après deux heures de marche. Nous contemplons avec ravissement ce fleuve célèbre qui roule des ondes rapides comme celles d'un torrent. Vu qu'il n'est pas tombé de pluie ici depuis huit mois, j'éprouve une grande déception en ne trouvant pas le Jourdain plus large que l'Ill à Strasbourg.

L'autel portatif est dressé sur les bords du fleuve, et comme il eût été imprudent pour plusieurs de faire à jeun la route du matin, je m'étais offert pour dire la sainte messe. J'eus donc l'ineffable consolation d'offrir le saint sacrifice à l'endroit où le mystère de l'auguste Trinité nous fut révélé d'une manière si éclatante au baptême de Jésus. Lorsqu'après la consécration, mes mains élevèrent la sainte victime, il me sembla entendre du haut des cieux une voix disant : « C'est là mon fils bien-aimé, écoutez-le ! »

Quel spectacle, mon cher ami, que celui d'une messe célébrée sur les bords de ce vieux Jourdain. Il me semblait entendre ces autres paroles de Jean-Baptiste : « Voici l'agneau de Dieu, voici celui qui efface les péchés du monde. » C'était encore là le même endroit où le peuple de Dieu a traversé le lit du fleuve à pied sec.

Chacun de nous se hâta, après la messe, de se plonger dans ces eaux qui ont été sanctifiées par le contact de la chair virginale de l'Homme-Dieu. Le courant du fleuve est si violent et si fort qu'il faut nécessairement, pour ne pas être entraîné par ses flots, se baigner dans un coude qu'il forme à cet endroit. Vous êtes infailliblement emporté, lorsque vous allez dans le courant, quand même l'eau ne monte qu'à la hauteur du genou. Ni le Rhin, ni le Rhône ne peuvent vous donner une idée de cette fougue du Jourdain.

Un de nos compagnons de voyage, qui s'était avancé un peu vers le milieu, fut entraîné, tout parfait nageur qu'il est. Il put heureusement s'accrocher, en se laissant aller à la dérive, à quelques branches du rivage, où les Arabes vinrent le détacher pour le ramener sur le bord.

Après avoir fait nos provisions d'eau du Jourdain, nous regagnons de nouveau nos tentes placées sur les bords de la fontaine d'Elisée. Nous y passâmes de nouveau la nuit, sans incident. Le lendemain, au soir, nous fûmes de retour à Jérusalem. Nous avons encore trois jours devant nous pour nous reposer de nos fatigues. Le 6, nous quittons définitivement la Ville-Sainte, après un séjour de trois semaines dans la Judée. Nous partons donc lundi pour Nazareth, Tibériade, le Thabor, le Carmel, Saint-Jean-d'Acre, Ty: Sidon. A Beyrouth, la caravane se dissout et chacun re en France par le chemin qu'il préfère. Je reviendrai par Damas, Tripoli, l'île de Rhodes, Smyrne et Constantinople. Je compte être à Rome vers la mi-novembre. Il me tarde de revoir ma chère Alsace, que l'on n'apprécie jamais plus que lorsqu'on en est loin.

Je ne vous ai pas oublié dans les divers sanctuaires que j'ai eu le bonheur de visiter. Je vous ai recommandé au bon Dieu, sur la montagne du Calvaire, au Saint-Sépulcre, à Bethléem, à Saint-Jean du Désert, patrie de notre commun patron. Quel pays, quelle contrée que celle-ci ! On ne peut se faire une idée de la Palestine, si on ne l'a pas vue, même avec toutes les relations de voyages. Je suis impatient de vous communiquer de vive voix mes impressions. Il faut une santé de fer pour vivre ici. Je suis très bien jusqu'à présent. Tous mes compagnons de voyage n'en peuvent dire autant. Pourquoi n'êtes vous point avec moi ?

Je vous envoie, sous ce pli, trois feuilles d'olivier du jardin de Gethsémani. Vous le savez, ces oliviers sont contemporains de la passion de Notre-Seigneur Jésus-Christ. Est excommunié *ipso facto* quiconque en arrache seulement une feuille. Le Père gardien général de la Terre-Sainte a seul le droit d'en détacher, ou de faire couper des branches et des feuilles qu'on distribue aux pèlerins comme de précieuses reliques. On m'a donné au couvent, pour Monseigneur de Strasbourg, une croix faite avec du bois d'un de ces arbres : c'est un souvenir de reconnaissance envers notre diocèse, qui se distingue entre tous les diocèses de la France par ses dons généreux pour les lieux saints.

Adieu, mon cher ami, je vous réitère l'assurance de mes sentiments les plus affectueux.

LA GALILÉE. — NAZARETH ET SMYRNE.

Smyrne, le 3 novembre 1802.

Monsieur,

Depuis que j'ai quité Jérusalem, j'ai pensé plus d'une fois à vous écrire. Mais la vie nomade que je mène depuis plus de quatre semaines, les fatigues et les indispositions inséparables d'un voyage entrepris dans un climat meurtrier, ne m'ont laissé aucun temps disponible.

Après un séjour de trois semaines, le pèlerin quitte volontiers Jérusalem et ses alentours, qui portent visiblement le cachet de la malédiction divine. Non, je ne crois pas qu'il y ait sur la terre une ville plus triste que Jérusalem.

Ces rues étroites, sombres, tortueuses, qui répandent une odeur détestable, ces maisons qui ressemblent à des tombeaux, ces hommes en haillons, rongés par la paresse et la vermine, qui vous tendent la main et font résonner à vos oreilles l'inévitable *bachschis*, tout cela est fait pour vous dégoûter.

Mais ce qui surtout attriste l'âme du pèlerin catholique,

c'est la situation dans laquelle se trouvent les lieux saints. Ce sont toujours les Turcs qui tiennent les clefs de la sainte basilique, qu'ils ferment et ouvrent quand il leur plaît. Ils occupent l'entrée du temple, où ils fument et prennent leur café, comme dans un lieu profane. Cependant cette intervention des Musulmans dans la police des lieux saints est peut-être bien, car, sans eux, les chrétiens des diverses communions seraient tous les jours à se prendre aux cheveux, et les Latins ne posséderaient plus les droits qui leur restent.

Dans l'intérieur, les Grecs règnent en maîtres. Les Latins y ont bien leurs places assignées, où ils peuvent officier dans tel ou tel sanctuaire. Mais les moines grecs sont en si grand nombre qu'ils encombrent les rues du quartier chrétien; vous ne pouvez prier, baiser le pavé du sanctuaire, le prêtre catholique ne peut offrir le saint sacrifice sans avoir pour témoins ces moines, du reste peu édifiants, et qui, se promenant et causant dans les nefs de la basilique, rappellent, par leur costume, les avocats de notre France, attendant dans la salle des Pas-Perdus l'ouverture de l'audience.

Les catholiques n'ont dans l'église du Saint-Sépulcre qu'une seule chapelle qui leur appartienne exclusivement. Ils partagent d'autres sanctuaires avec les Grecs et les Arméniens. Les Grecs seuls possèdent le magnifique et vaste chœur de l'église; eux seuls ont le droit de dire la messe sur le Calvaire, à l'endroit où fut dressée la croix. Les Latins ne peuvent offrir le saint sacrifice qu'à côté.

A Bethléem, c'est plus révoltant encore. Nous avons depuis quelques années un patriarche à Jérusalem, mais peu d'églises. L'église de Sainte-Anne appartient, il est vrai, à la France, mais elle est à restaurer.

Une fois sa dévotion satisfaite, le pèlerin français quitte donc sans regret la ville de Jérusalem, ainsi que les rochers calcinés et les montagnes incultes de la Judée, pour les plaines fertiles de la Galilée. Partout le pied foule des ruines, ruines des anciens Juifs, ruines romaines, ruines des Croisés.

Nous trouvons des plaines remplies de figuiers, nous campons dans des bois d'orangers et de grenadiers, auprès de sources fraîches et murmurantes. Mais comme ce pays est continuellement infesté par des bandes de Bédouins pillards et assassins, il n'est guère cultivé, et nous sommes toujours escortés de troupes que nous tenons de la bienveillance des pachas.

Nous saluons sur notre route l'ancienne Béthel, où Jacob eut son songe mystérieux; Silo, célèbre par le séjour de l'arche sainte et par celui du prêtre Héli et du jeune Samuel. Nous nous arrêtons au Puits de Jacob, à l'entrée de Sichem, aujourd'hui Naplouse. Nous nous asseyons sur les bords du puits, peut-être à la même place où était assis le Sauveur, et nous lisons le 4° chapitre de saint Jean. A l'entrée de la ville de Naplouse se dressent, en face l'une de l'autre, les deux montagnes, l'Ebal et le Garizim, célèbres toutes les deux dans nos livres saints. C'est à Sichem que les dix tribus se séparèrent de Roboam, choisirent pour roi Jéroboam et élevèrent sur le mont Garizim un temple rival de celui de Jérusalem. La ville de Naplouse présente un coup d'œil magnifique avec ses jardins gracieux et verdoyants, ses minarets et ses coupoles, à côté et au-dessus desquels s'élèvent d'immenses palmiers. L'eau n'y manque pas, car vous entendez çà et là gazouiller de limpides ruisseaux qui entretiennent une aimable fraîcheur.

Nous pûmes voir la synagogue de cette ville, le fameux

Pentateuque samaritain, conservé depuis trois mille deux cents ans par les Samaritains *pur sang*, qui s'y perpétuent depuis plus de trente siècles. Vous le savez, les Juifs traitent les Samaritains de schismatiques. Ce Pentateuque, qui diffère peu de celui des Juifs, est une preuve éclatante en faveur de la véracité du livre de Moïse. Il est écrit en anciens caractères hébraïques, en usage chez les Juifs avant la captivité de Babylone. Nous allâmes voir aussi le pacha et l'évêque grec orthodoxe de Naplouse, deux hommes qui ne manquent pas de distinction. Ils vinrent nous rendre la visite de la façon la plus gracieuse.

A quelque distance de Sichem, nous rencontrons, sur le plateau d'une montagne, les ruines de Samarie, l'ancienne rivale de Jérusalem. Nous trouvons encore debout de nombreuses colonnes; les unes sont liées entre elles par des arceaux; d'autres gisent à terre. Cette ville, l'ancienne résidence d'Hérode, qui lui donna le nom de Sébaste, a dû être magnifique, à en juger par ses ruines imposantes. C'est auprès des ruines de Samarie qu'il me fut donné de m'agenouiller sur le tombeau de saint Jean-Baptiste. Il est renfermé dans une mosquée où il est vénéré par les Turcs comme par les chrétiens, qui sont obligés de donner une gratification pour entrer dans la mosquée.

Voici Béthulie, la patrie de Judith; voici le vallon qu'elle traversa pour aller faire tomber la tête superbe d'Holopherne.

Voici la riche et magnifique plaine d'Esdrelon, qui se déroule d'une manière imposante entre les montagnes de Gelboé, si fatales à Saül, le petit Hermon, le Thabor et la longue chaîne du Carmel. Au pied du petit Hermon nous campons près du village de Sulim, l'ancienne Sunam, où demeurait la Sunamite, célèbre par son hospitalité envers le

prophète Elisée. Des combats fameux ont été livrés dans la
plaine d'Esdrelon. Elle est certes un des plus beaux champs
de bataille de la terre.

Nous traversons le Cison, qui se replie plusieurs fois et
forme le cours le plus tortueux. Nous nous engageons dans
une gorge de montagnes rocheuses qui nous conduisent à
Nazareth. Nous mîmes six jours pour venir de Jérusalem
à Nazareth, qui en est éloigné de trente-six lieues.

Nazareth est de tous les sanctuaires de la Palestine celui
où le catholique se trouve le plus à son aise. Les chrétiens
y sont en majorité, et les Turcs n'y ont pas cet air sombre
et farouche des autres localités. Les Latins y occupent
exclusivement l'emplacement où se trouvait la maison
de la Sainte Famille, ainsi que l'endroit où l'Archange
apparut à Marie. On respire à Nazareth comme un parfum
qu'y a laissé l'aimable fleur de Juda. C'est dans ce petit
bourg que se sont passées les trente années de la vie ca-
chée du Sauveur. Voici l'atelier où, avec saint Joseph, il
gagnait le pain de la famille. C'est à cette fontaine, car il
n'y en a qu'une à Nazareth, que Marie venait chercher l'eau
pour le saint ménage. Touchants souvenirs de Nazareth, je
voudrais ne vous oublier jamais!

On célébrait un mariage arabe à notre arrivée à Nazareth. Ce n'était dans toute la ville que cavalcades, détona-
tions d'armes à feu et chants d'allégresse. La famille du
marié vint prier les membres de la caravane française d'assister à la fête. Il y avait quinze cents invités qui presque
tous arrivèrent en cortége, montés sur des chevaux.
Toutes les tribus arabes de la plaine et de la montagne
avaient été conviées. J'y vis des choses bien bizarres,
mais rien qui pût blesser les règles de la plus rigide bien-
séance.

Le Thabor n'est qu'à trois lieues de Nazareth. Il faut une
bonne heure pour en faire l'ascension à cheval. Une messe
sur le sommet de la montagne de la Transfiguration, c'est
un spectacle fait pour impressionner. Avec les Apôtres, on
se dit : « Il fait bon ici. » La vue du haut du Thabor est
très étendue. D'un côté, la vaste et riche plaine d'Esdrelon,
où Bonaparte écrasa avec une poignée de Français les es-
cadrons des mamelucks six fois plus forts ; de l'autre côté,
les montagnes de l'Anti-Liban ferment le vaste horizon.
Dans une autre direction, on découvre le lac de Tibériade,
sur les bords duquel se passa la plus grande partie de la
vie publique du Sauveur. Voyez, suspendu au flanc de cette
hauteur, ce village bâti en amphithéâtre, c'est Naïm, où Jésus ressuscita le fils de la pauvre veuve.

Le soir de cette journée nous fûmes camper sur les bords
du lac de Génésareth, appelé aussi lac de Tibériade ou
mer de Galilée. Rien de plus gracieux que ce lac. Il pourrait rivaliser avec les plus beaux de la Suisse ou de l'Italie,
si les bords n'en étaient pas en grande partie déserts et
abandonnés. Les eaux en sont bleues comme l'azur, et
d'une transparence remarquable ; et lorsque le vent les
agite, elles deviennent très tumultueuses. Nous en avons eu
un exemple. Comme du temps des Apôtres, les poissons y
abondent. Nous avons voulu en goûter et nous les avons
trouvés délicieux ; mais on n'y voit plus de pêcheurs : nous
n'avons vu qu'une méchante barque amarrée au bord. On
a de la peine à découvrir les ruines de Capharnaüm et de
Bethsaïde, autrefois cités florissantes et maudites par le
Seigneur, parce qu'elles ont refusé d'ouvrir l'oreille à la
vérité. Ces traces de la colère divine qu'on trouve, en Palestine plus qu'ailleurs, écrites en caractères ineffaçables,
vous glacent et vous épouvantent. Le climat des bords du

lac de Tibériade est presque intolérable. Nous y avons trouvé
60 degrés de chaleur. A minuit nous errions encore autour
de nos tentes, cherchant du côté du lac quelque brise ra-
fraîchissante qui nous permît de respirer.

La ville de Tibériade, si l'on peut appeler ville une ag-
glomération irrégulière de hideuses baraques, renferme
4,000 Juifs qui, de tous les points du monde, y viennent
attendre l'arrivée du Messie. Aussi n'ai-je pas eu besoin du
secours du drogman pour m'y faire comprendre. A chaque pas je rencontrais des Juifs qui me répondaient en al-
lemand.

Le lendemain nous nous arrêtâmes à l'endroit où Jésus
multiplia les pains et les poissons pour nourrir la foule qui
le suivait; nous visitâmes aussi la montagne des Béati-
tudes. Nous rentrâmes à Nazareth par le village de Cana.

Si je ne craignais de donner trop d'étendue à ma lettre,
je vous parlerais de la position exceptionnelle du couvent
de Notre-Dame du Carmel, situé à l'extrémité septentrionale
de la chaîne de montagnes qui porte ce nom. Le monastère
s'élève au sommet d'un énorme promontoire et il est baigné par les flots de la mer de trois côtés comme une presqu'île. La vue sur la terrasse est de toute beauté. Devant
nous, l'immense nappe d'eau de la mer, qui, dans le lointain, se confond avec la voûte des cieux. A gauche encore
la mer, et sur le rivage les ruines de l'antique Césarée; à
droite la magnifique baie de Saint-Jean d'Acre. Cette ville
n'offre rien de remarquable. Elle n'a que ses souvenirs historiques. Tyr et Sidon, appelées aujourd'hui *Sur* et *Saïda*,
sont honteusement couchées dans le sable et la poussière :
ici encore on voit l'entier accomplissement des paroles du
Prophète. A Tyr, on marche sur des colonnes à moitié ensevelies sous le sable; des tronçons et des fûts de colonnes

encombrent le rivage de la mer : c'est là tout ce qui reste de l'ancienne grandeur de cette ville superbe. A Saïda nous avons campé sur l'emplacement où, il y a deux ans, furent égorgés six cents Maronites. Le consul de France, témoin du massacre, nous raconta que les victimes, loin de se défendre, s'agenouillèrent à l'approche de leurs bourreaux, invoquèrent les noms de Jésus et de Marie, et attendirent le coup fatal.

J'aurai encore à vous entretenir de Beyrouth et du développement qu'a pris cette ville depuis l'occupation française. Beyrouth compte aujourd'hui cent mille âmes. Ce n'est pas sans un certain orgueil national que je remarque que nos consuls et nos agents consulaires exercent un très grand prestige dans les échelles du Levant.

Je devrais vous parler aussi du Liban, si cruellement éprouvé par les derniers malheurs. Vous y traversez des endroits où vous ne voyez plus que des veuves et des enfants. La foi de cette population est toujours bien vive. Tous les catholiques du Liban réclament le chevaleresque exilé, *leur Joseph Karam.* Ils ne seront contents que lorsqu'il sera au milieu d'eux.

Les voilà de nouveau obligés de plier sous le joug de leurs oppresseurs, qui ont encore les mains fumantes des derniers massacres. Ah ! pourquoi le général de Beaufort, placé à la tête de notre expédition de Syrie; pourquoi nos diplomates n'ont-ils pas compris les légitimes aspirations de ce peuple, appelé, à juste titre, les Français du Liban ? Pourquoi n'ont-ils pas su faire prédominer la France, qui, plus que l'Angleterre, plus que l'Autriche et la Russie, a le droit de parler en Orient ?

Laissez-moi vous citer, à cette occasion, une parole de l'amiral Napier, aveu terrible échappé à ce fougueux An-

glais, qui bombarda Beyrouth pendant vingt jours en 1840.
« La plus grande douleur de ma vie est d'avoir aidé les Turcs
à établir parmi les chrétiens du Liban, dernier et noble débris du christianisme antique, le gouvernement le plus infâme qui ait jamais existé. »

Il se fait, en ce moment, dans l'Orient, un grand mouvement vers l'unité. Les évêques et la partie éclairée de la
population grecque schismatique l'appellent de tous leurs
vœux. Les envahissements moscovites les effrayent. J'ai
entendu des Grecs qui disaient : « Plutôt être Turcs que
Russes. »

J'aurais voulu vous entretenir également de Tripoli, de
ses fraîches fontaines et de la situation si agréable de cette
ville aux pieds du Liban ; des côtes de l'Asie-Mineure, si
riches, si peuplées autrefois, aujourd'hui désertes, délais-
sées et ruinées ; d'Antioche, réduite maintenant à l'état
d'une triste bourgade, où l'Oronte semble gémir sur le tombeau de l'ancienne *Reine de l'Orient* ; de Rhodes, toute remplie de souvenirs des anciens chevaliers ; de Constantinople
qui, sauf quelques monuments, n'a été pour moi qu'une
immense déception, mais dont l'aspect, vu de la mer, est
la plus magnifique décoration de théâtre que l'imagination
puisse rêver ; de Smyrne enfin qui, grâce au quartier franc,
porte dignement son nom de *Perle de l'Orient*.

C'est sur le mont *Pagus*, qui recouvrait l'acropole de la
Smyrne antique et où l'on me montra l'emplacement de la
première église chrétienne de cette ville, que le coup d'œil
sur Smyrne et les environs est superbe. La ville s'étend à
vos pieds avec ses maisons rouges et blanches, ses rideaux
de cyprès, ses touffes d'arbres, ses dômes et ses minarets,
ses campagnes aux cultures variées, et sa rade, espèce de
ciel liquide plus beau encore que l'autre, tout cela baigné

d'une lumière argentée et fraîche, d'un air d'une transparence inouïe.

Sur le sommet du Pagus l'on voit encore la ruine imposante d'un château-fort bâti par les Génois, ainsi que des restes de l'ancienne muraille hellénique qui servait d'enceinte à l'acropole. Sur la pente de la montagne, auprès d'un cimetière turc, se trouve l'endroit où, selon la tradition, saint Polycarpe a souffert le martyre.

Smyrne compte aujourd'hui environ 160,000 habitants, dont 80,000 Turcs, 40,000 Grecs, 15,000 Juifs, 12,000 Arméniens et 13,000 Francs ou Européens, vivant sous la protection de leurs consuls. Elle compte à peu près autant de quartiers distincts que de cultes.

Les maisons, assez simples à l'extérieur, laissent apercevoir par la porte principale une cour pavée d'un fin cailloutis, imitant la mosaïque, avec une fontaine au centre et entourée d'un élégant portique soutenu par des colonnes en marbre. Derrière la cour s'ouvre un frais jardin.

Le *pont des Caravanes* de Smyrne est toujours pour les voyageurs un des premiers buts de promenade. Comme pont, il jouit d'une réputation exagérée. Il n'est remarquable que par la foule des passants et les interminables caravanes de tous les pays de l'Asie que l'on y rencontre. C'est le rendez-vous de tous les costumes de l'Orient. On ne saurait être mieux placé pour faire de curieuses études de mœurs.

Sur le pont coule un ruisseau qui serpente dans un délicieux vallon ; c'est le *Mélès*, sur les bords duquel naquit, dit-on, le divin Homère, souvent surnommé pour cela le vieillard mélésigène. Des cyprès, des lauriers, des touffes de myrtes et d'aloès ombragent ses rives charmantes.

Une autre fois je vous parlerai du gouvernement turc et

du peuple turc. On a dit en France des choses hideuses à
ce sujet. Mais la vérité est plus affreuse encore.

On parle souvent de régénération de l'empire ottoman.
Réformer la Turquie est une chose impossible. Il faudrait
que les Turcs ne fussent plus des Turcs.

Quiconque a lu l'Alcoran conçoit combien il est difficile
d'abjurer une religion dont le livre répète, à chaque ver-
set, que les *croyants* sont seuls dans la bonne voie et qu'il
faut exterminer les *infidèles*. L'ignorance et le fanatisme ont
obscurci l'intelligence des masses ; l'orgueil et la concu-
piscence de la chair, les deux passions les plus vivaces, sur
lesquelles Mahomet a appuyé sa doctrine, les ont plongées
dans la matière et leur inspirent le plus profond mépris pour
tout homme qui n'est pas *croyant*.

Pour régénérer les Turcs, il faut donc avant tout qu'ils
perdent la supériorité de la domination, trop propre à nourrir l'orgueil et la foi au prophète. On sait que Mahomet
leur a promis l'empire de la terre comme récompense.
Tant qu'ils commanderont, ils ne s'abaisseront jamais jusqu'à embrasser la religion des peuples qu'ils regardent et
traitent comme leurs esclaves. Lorsqu'ils seront soumis et
circonvenus de toutes parts par la civilisation chrétienne,
alors seulement ils sentiront le néant des prophéties de Mahomet. La ruine de la domination des Musulmans est donc
la seule voie qui les puisse mener à une régénération spirituelle. Aujourd'hui la Turquie n'est plus qu'une nation
agonisante, se débattant dans les convulsions de la mort ;
je serai peut-être plus vrai en disant qu'elle n'est plus qu'un
hideux cadavre.

Hier j'ai assisté, dans une mosquée située à l'extrémité
de Smyrne, à l'office des derviches *hurleurs*. J'avais déjà vu
fonctionner à Tripoli les derviches *tourneurs*, qui se distin-

guent par leurs pantomimes et leurs danses légères et gra-
cieuses. Mais pour les *hurleurs*, c'est affreux, cela n'a pas
de nom. Figurez-vous une bande de fanatiques disposés en
demi-cercle et se touchant par les coudes. Ils commencent
par un hurlement sourd : *Allah hou!* qui s'élève par degrés
et qui bientôt n'appartient plus à la voix humaine. Ces hur-
lements deviennent de plus en plus horribles ; c'est le sombre grognement d'une ménagerie où tigres et panthères s'ir-
ritent contre les obstacles qui les tiennent captifs. Tout en
tirant de leurs poitrines épuisées, haletantes, ces cris rau-
ques et féroces, ces furieux balancent leur corps en cadence,
le jettent à droite et à gauche comme d'un seul bloc, avec
une énergie farouche. Le *Allah hou!* continue ainsi pendant
une heure sur un ton de plus en plus caverneux. A la fin
on a peur, on se croit au milieu des démons. Ils poussent
bientôt un hurlement suprême ; leur teint est livide, leurs
yeux sont hagards, leur corps est ruisselant de sueur. Ils
tombent enfin exténués, n'en pouvant plus.

Je voudrais aussi vous entretenir du marché d'esclaves
de Smyrne : j'y ai rencontré quelques malheureuses dans
une anxieuse attente, pour savoir de qui elles deviendraient
la chose. J'ai hâte de finir ; je m'embarque dans une heure
sur l'*Euphrate* pour la Grèce et l'Italie.

Agréez, Monsieur le rédacteur, l'expression de mes sentiments dévoués et affectueux.

JÉRUSALEM ACTUELLE.

Mon cher ami,

Trop livré à mes impressions personnelles dans mes lettres écrites en Orient, je n'ai pas pensé à vous donner les détails que vous me demandez sur l'histoire, la configuration, la population et les distances respectives des divers lieux que j'ai eu la satisfaction de visiter.

Je vais donc consulter mes notes et chercher à réparer cette lacune.

Il existe une double histoire à Jérusalem, l'une écrite dans les livres, l'autre reproduite d'une manière plus vive et plus saisissante dans ses pierres, ses ruines et ses monuments, qui appartiennent à toutes les époques.

Jérusalem n'a pas été prise moins de seize fois, depuis David jusqu'au sultan Sélim. Le siége de Titus, l'an 70, fut pour la ville le plus terrible et le plus désastreux.

Le jeune et brillant vainqueur du Mont-Thabor s'en serait emparé sans difficulté aucune, s'il avait voulu.

La ville est située à 2400 pieds au-dessus du niveau de la mer Méditerranée, sur le point culminant des montagnes de la Judée. Le côté du nord excepté, elle est partout entourée de profonds ravins, appelés vallées dans l'Ecriture et l'histoire, lesquels sont eux-mêmes bordés de hautes collines qui dominent la ville et ne permettent pas de l'apercevoir de loin.

A l'est elle est bornée par le ravin de Cédron ou la vallée de Josaphat, qui a une longueur d'environ deux kilomètres et qui sépare la ville du mont des Olives ou montagne de l'Ascension. Les pierres tumulaires des Juifs, dont cette vallée est pavée, font de loin l'effet d'une multitude de cartes à jouer éparpillées en rangs serrés.

Voici ce que le Seigneur dit par la bouche du prophète Joël, au sujet de la vallée de Josaphat : « J'assemblerai toutes les nations et je les ferai descendre à la vallée de Josaphat, et là j'entrerai en jugement avec elles. » Il dit ailleurs : « Que les nations se lèvent et montent vers la vallée de Josaphat parce que j'y serai assis pour juger les nations ! »

On me fit remarquer, dans cette vallée, un petit tertre que les Musulmans ont en grande vénération : c'est l'endroit où la tradition prétend que le prophète Isaïe fut scié en deux.

Les vallées de Hinnon, de Gébon et de Géhenne (l'ancienne voirie de Jérusalem) bordent la ville à l'ouest et au sud. C'est dans la vallée de Géhenne qu'on allumait souvent de grands feux, tant pour les sacrifices de Moloch que pour purifier l'air et détruire l'infection provenant des cadavres qu'on y jetait. C'est à l'entrée de cette vallée qu'Abraham rencontra Melchisédech, roi de Salem et prêtre du Très-Haut.

Les hauteurs qui couronnent la vallée de Géhenne sont remplies de sépulcres vides et creusés dans le rocher. C'est sur ces hauteurs que s'étend le *champ du potier, qui fut acheté pour la sépulture des étrangers*. Le sol en est semé de débris de vases d'argile cassés qui confirment ce nom. Il continue à servir à la sépulture des étrangers, et les Arméniens y font inhumer les pèlerins; c'est HACELDAMA ou le champ du sang.

Rien de plus gracieux que les remparts crénelés du moyen-âge de Jérusalem, garnis de tours élégantes. Ces fortifications datent du commencement du xvi° siècle et ont environ 13 mètres de hauteur et 1 mètre de largeur. Il faut une heure pour en faire le tour.

La ville se divise en quatre parties :

1° Le quartier des chrétiens ou des Francs, au nord-ouest, qui renferme les principaux couvents, l'église du Saint-Sépulcre, dont la coupole délabrée domine cette partie de la ville.

2° Le quartier des Arméniens, au sud-ouest, sur le mont Sion. Ce quartier se distingue par sa propreté et la forme élégante des diverses constructions, et surtout par la richesse de ses couvents et de ses églises. L'habitation du patriarche arménien est princière. C'est dans une église arménienne, la plus belle de Jérusalem, que je me suis agenouillé à l'endroit où Hérode Agrippa fit trancher la tête à saint Jacques le Majeur. On y montre aussi la chaire de cet apôtre.

C'est sur le mont Sion que se trouvent la maison de Caïphe, le Cénacle, les fondements d'une ancienne église bâtie sur l'emplacement de la maison où vécut la sainte Vierge, après la descente du Saint-Esprit, et l'affreux, l'horrible quartier des lépreux.

Cette dernière partie du mont Sion était autrefois enfermée dans l'enceinte de la ville. Mais l'architecte qui, par ordre de Soliman, traça au seizième siècle la nouvelle ceinture des murailles, la laissa en-dehors des remparts. Le Calvaire a pris la place de Sion dans l'enceinte actuelle.

3° Le quartier musulman, au nord-est. Il renferme la Voie douloureuse, l'arc de l'*Ecce Homo*, le couvent des dames de Sion, bâti par M. l'abbé Ratisbonne, le palais de Pilate, l'église de Sainte-Anne, la piscine probatique ou Bethsaïda, où Jésus guérit un paralytique malade depuis

trente-huit ans, le Séraï, résidence du gouverneur, et la
célèbre mosquée d'Omar.

Et 4° le quartier juif, au sud-est, sur le penchant du
mont Sion et dans l'ancienne vallée appelée par l'historien
Josèphe *Tyropœon* ou vallée des fromagers. C'est, après le
quartier des lépreux, la partie la plus triste et la plus
dégoûtante de la ville. Dans le dédale d'une multitude de
ruelles infectes vivent de malheureuses familles juives,
entassées dans des maisons de boue dont la porte basse et
les étroites fenêtres laissent à peine pénétrer un peu d'air
et de lumière dans l'intérieur. Le voisinage d'un cloaque
où se déversent tous les égouts, les boucheries établies en
plein vent, l'aspect misérable de ses habitants, tout cela
contribue à donner à ce quartier une physionomie hideuse.

Les Juifs sont, après nos prêtres et nos religieux, de
tous les habitants de Jérusalem ceux qui m'inspirent le plus
d'intérêt. Aucune pensée humaine ne les y attache. Ils ne
demandent que deux choses : arroser de leurs larmes les
ruines de leur ancien temple et se faire enterrer, après
leur mort, dans la vallée de Josaphat. L'histoire nous dit
que, sous les empereurs romains, ils achetèrent au poids de
l'or la faveur de venir pleurer, le livre de Jérémie à la main,
sur ces ruines sacrées.

La population totale de Jérusalem ne dépasse pas 17,000
habitants. Il y a environ 7,000 juifs, près de 6,000
musulmans et 4,000 chrétiens. Ces derniers se subdivisent
en 2,000 Grecs schismatiques, 1,300 catholiques latins, 400
Arméniens schismatiques, une centaine de Syriens qui se
partagent en plusieurs rites. Il y a aussi quelques Grecs
unis, des Abyssins eutichiens, 50 à 60 Coptes, et enfin
quelques protestants sous les auspices de la Société biblique
de Londres et la protection du roi de Prusse. Le temple

protestant, bâti en style gothique, fait un frappant contraste avec les autres édifices religieux, qui sont d'une architecture orientale.

Pendant mon séjour à Jérusalem j'eus l'occasion de voir la manière dont chacune de ces communions chrétiennes célèbre le service divin. Toutes, elles ont pour base de leur culte le sacrifice de la messe, comme la reproduction non sanglante du sacrifice de la croix ; toutes, elles adorent Jésus-Christ dans la sainte Eucharistie, sous les espèces du pain et du vin ; toutes, elles vénèrent et invoquent la Vierge Marie, la mère immaculée de Jésus, les protestants seuls exceptés.

Le nombre des pèlerins qui visitent Jérusalem est très considérable. Il s'élève jusqu'au chiffre de 10,000.

Ce sont presque tous des Grecs orthodoxes, des Russes et des Arméniens. Les catholiques n'atteignent pas le nombre cent.

Les Grecs schismatiques ont à Jérusalem six évêques, dont un porte le nom d'*évêque du feu*; c'est lui qui fait le samedi saint la ridicule et superstitieuse cérémonie du feu sacré, qui n'est autre chose qu'une abominable profanation du tombeau de Jésus—Christ.

Je dis ridicule et superstitieuse cérémonie, parce que je suis en mesure d'affirmer que cet évêque en rit lui-même et qu'il a promis à Mgr Valerga de faire cesser ce scandale.

Les Grecs ont en outre treize couvents renfermant trois à quatre cents moines qui encombrent continuellement la basilique du Saint-Sépulcre et les rues qui l'avoisinent. Il y a aussi à Jérusalem trois monastères habités par des religieuses grecques. Elle ne sont pas cloîtrées : elles portent un costume noir et se promènent beaucoup.

La religieuse française a seule en Orient la sainte et

noble mission de se consacrer à des œuvres de charité, telles que le soin des malades et de l'éducation des jeunes filles.

Nous nous faisons, en Occident, difficilement une idée de la vénération dont ces saintes femmes sont entourées en Orient de la part de toutes les c'asses de la société, et du prestige que leur beau dévouement fait rejaillir jusque sur notre mère-patrie.

Ce que je dis de la religieuse française, je puis aussi l'avancer du religieux français. Il a sur les religieux des autres nations une supériorité incontestable. Pourquoi les Pères Franciscains de la Terre-Sainte ne l'ont-ils pas compris? Ils seraient encore en possession de la plupart des lieux saints que leur ont ravis l'astuce et la perfidie des Grecs.

Dans une prochaine lettre, je tâcherai de vous décrire le Saint-Sépulcre et le Calvaire.

Permettez-moi de terminer cette lettre en vous reproduisant les impressions d'un pèlerin français du xive siècle, à la vue de Jérusalem. Elles sont empruntées aux *Souvenirs d'Orient* du comte de Marcellus, qui avait feuilleté le vieux manuscrit, pendant ses veillées au couvent des Franciscains. On y retrouve la foi naïve d'un vrai pèlerin.

« En voyant Hiérusalem pour la première fois, dit-il, je fonds tout en larmes, mon cœur tremble et ma bouche reste muette. »

Puis vient un touchant dialogue entre le pèlerin et Hiérusalem.

« Cette ville m'apparut sous la figure d'une femme éplorée, habillée tout en deuil, avec une figure blême, des yeux pleins de larmes et les cheveux épars, laquelle, d'une voix plaintive, parlant avec un accent entrecoupé de sanglots, me dit : O vous tous qui passez par la voie, arrêtez-vous un peu de grâce, et voyez s'il y a de douleur comme la douleur mienne. Hélas! quel désespoir d'être aujourd'hui privée de toutes choses, excepté de l'amère souvenance d'avoir été autrefois heureuse. Mes titres sont : cité sainte, ville fidèle, dame des nations, mais mon état est celui d'une misérable esclave, et mon nom Hiérusalem. »

Et le pèlerin ému lui répond :

« O Hiérusalem, l'amour de mon âme, c'est vous que je cherche, que je désire comme le cerf désire la source des eaux. C'est pour vous que j'ai souffert tant de mal et de peine, traversé des mers incogneuses, couru les déserts, grimpé les montagnes épineuses, et voyagé par terres étrangères. »

Et le pèlerin poursuit affectueusement son dialogue avec cette cité « à laquelle le Seigneur a arraché la couronne de sa tête et planté un bandeau de douleur et de honte. »

Telle paraît encore Jérusalem au pèlerin du xixᵉ siècle : c'est le même aspect de deuil et de désolation.

FIN.

TABLE.

I. La Blessure. — L'Hôpital. — La sœur Marie.   5

II. Rencontre d'un ami. — Projets de Pèlerinage.   11

III. Préparatifs de départ. — La Caravane.   23

IV. Dangers courus.   29

V. Smyrne.   44

VI. La Syrie. — La mer Morte.   47

VII. Alep. — Départ. — Aventures.   56

VIII. Départ.   67

IX. Suppositions sur la mer Morte. — Jérusalem.   77

X. Fâcheuse Rencontre.   91

XI. Evénements imprévus. — Départ.   101

XII. Nouveaux obstacles aux projets des Pèlerins.   116

XIII. Retour en France.   120

Bataille de Lépante.   124

Jérusalem. — Visite aux Saints-Lieux et à la Mosquée d'Omar. — Les Juifs à Jérusalem.   147

Bethléem. — Hébron. — Saint-Jean du Désert et les Vasques de Salomon.   157

La mer Morte et le Jourdain.   165

La Galilée. — Nazareth et Smyrne.   172

Jérusalem actuelle.   184

FIN DE LA TABLE.

Limoges. — Imp. Eugène ARDANT et Cⁱᵉ.

TABLE.

I. La Guerre . . . . La crème brûlée
II. La maître d'hôtel . . . . les de Pêche tous
l'équipe de chasse . . . . G . . .
la petite course

www.ingramcontent.com/pod-product-compliance
Lightning Source LLC
Chambersburg PA
CBHW070413090426
42733CB00009B/1653